Teresa González de Fanning

ROQUE MORENO
NOVELA HISTÓRICA

Edición

Thomas Ward

⚬ - STOCKCERO - ⚬

Copyright foreword & notes © Thomas Ward
of this edition © Stockcero 2019
1st. Stockcero edition: 2019

ISBN: 978-1-949938-05-0
Library of Congress Control Number: 2019954904

Set in Linotype Granjon font family typeface
Printed in the United States of America on acid-free paper.

Published by Stockcero, Inc.
3785 N.W. 82nd Avenue
Doral, FL 33166
USA
stockcero@stockcero.com

www.stockcero.com

Teresa González de Fanning

ROQUE MORENO

NOVELA HISTÓRICA

Edición

Thomas Ward

Índice

Introducción

Roque Moreno

Introducción

«En las expansiones del dolor se observa
marcado antagonismo entre el negro y el blanco».
Teresa González de Fanning, *Roque Moreno*

La falacia de la independencia

El 28 de julio 1821 el general José de San Martín lee
el acta de independencia en la Plaza de Armas en Lima.
El acta debió haber alentado a las personas de orígenes
africanos.

Para el individuo africano o el descendiente de africanos, la Independencia prometía la libertad del sistema esclavista. Esta idea no era una fantasía. Ya Tupac Amaru II
había ordenado que los *chapetones* (nombre derogatorio
para los españoles) liberen a sus esclavos (Walker 2014, 49-
50). Pero con el descuartizamiento del líder incaísta en
1781, se extinguió esta esperanza[1]. Con el nuevo siglo, sin
embargo, otra vez parecía que este sueño iba a dar frutos.
Durante el protectorado (1821-1828) de José de San Martín,
este declamó, lo que se llamaría durante el siglo XIX, la libertad de vientres. Es decir, el general de procedencia rioplatense «proclamó libres a los hijos de los esclavos nacidos
luego de la Independencia» (del Busto Duthurburu 2001,
70). También decretó que cualquier esclavo introducido en

---

[1] Walker avisa que no se sabe cuánto se difundió la proclamación de
Tupac Amaru (2014, 50).

el Perú a partir de ese momento, resultaría automáticamente libre (Aguirre 2005a, 69). Como ha notado el historiador Carlos Aguirre, las constituciones de 1823 y 1828 codificaban esta prohibición (2005a, 69). ¡Gran cosa una proclamación de esta índole! Pero si uno lo piensa, el decreto no afectó a los esclavos que vivían en aquel momento, solo los que iban a nacer o llegar a las orillas del país. Dicho de otra forma, no protegió a los transafricanos del presente de aquel entonces, sino a los del futuro relativo a aquel presente. Y siguió el trato comercial de africanos insertando a miles más de ellos en la categoría «transafricano». ¿Quiénes son los «transafricanos»? Los vocablos «transafricano», «afrodescendiente», y «afroperuano» vienen de M'bare N'Gom quien enfatiza su uso para exponer esta categoría de personas constituida por la diáspora africana (2011, 292n1). José Antonio del Busto Duthurburu fija el ultimo cargamento de esclavos al Perú tan tarde como entre 1850 y 1854 (2001, 70). Tres décadas habían pasado del protectorado de San Martin y los pudientes todavía seguían tratando de remplazar a los niños nacidos libres en la esclavitud con otras personas de afrodescendencia tratadas desde el extranjero con cierto éxito. ¿Qué había pasado entre 1850 y 1854 para que ocurriera un cambio radical como el de dejar de importar a personas del África?

El presidente José Rufino Echenique promulgó el Código Civil de 1852, el cual codificó la libertad de vientres al destacar que «nadie nace esclavo en el Perú». Los únicos esclavos son los nacidos antes de declarar la independencia (1852, 21). Además, el presidente Echenique decretó la emancipación a todos los esclavos que enrolaran en su ejército partidario (Aguirre 2005a, 297; del Busto Duthurburu 2001, 71), haciendo eco del general San Martín cuando este, en 1820, había ofrecido la libertad a los esclavos que enrolaran en el ejército del sur. Vale decir, si en tiempos de San Martín se compraba la libertad matando a peninsulares, en tiempos de Echenique se pagaba matando los de la otra banda, los afiliados con el mariscal Ramón Castilla (del Busto Duthurburu 2001). La contrapartida a las acciones de Echenique se halla en las de Castilla quien abolió definitivamente la esclavitad en 1854.

Aguirre destaca que la libertad de los esclavos no solo se debe a los esfuerzos de criollos (descendientes de los españoles, nacido en el Nuevo Mundo) sino que también fue obra de los propios esclavos.

La manumisión de esclavos se aceleró notablemente en el período posterior a 1821. Además, el porcentaje de manumisiones por compra —es decir, aquella en la cual los propios esclavos pagaban por su libertad— se incrementó en el tiempo, reflejando el creciente esfuerzo de acumulación por parte de los esclavos, y su creciente interés por adquirir la libertad (2005b, 22)

Junto con los decretos criollos y las compras de la libertad, había una tercera ruta hacia la libertad. Aguirre, notando los esfuerzos voluntariosos de los esclavos apunta que «El otro camino hacia la libertad, el cimarronaje, se hizo también mucho más agudo, erigiéndose en un síntoma claro del deterioro de los mecanismos de control sobre los esclavos y un poderoso factor detrás del proceso de desintegración de la esclavitud» (2005b, 23). El tema de los cimarrones, llamados salteadores en el siglo XIX, surgirá en la discusión del asesinato del ministro Bernardo de Monteagudo más abajo.

Puesto que fue abolida hace más de ciento sesenta años en diferentes fechas según el país, tal vez uno se pregunta hoy día, ¿por qué interesa la esclavitud? Para responder a esta inquietud, hay que recordar que la esclavitud no se aboliera, y con ello, todos los transafricanos vivieron felices hasta la eternidad. Una herencia de la esclavitud es el racismo. El racismo supérstite se asoma en las conversaciones, las interacciones, y los diversos tipos de pantallas electrónicas. Los buenos puestos de trabajo van a la gente de «buena presencia». Una anécdota del Perú sugiere las actitudes racistas todavía vigentes. En 2018, en el programa de «En boca de todos» de la América Televisión, un cirujano recomendó operar la nariz o las orejas de algunos de los futbolistas de afrodescendencia de la selección peruana para la copa mundial (Avilés, 2018; Tendencias LR, 2018). En otras palabras, el médico propuso transformar la apariencia física de miembros de la selección para que sus rostros concuerden con el ideario estético blanco de la nación. Pero no se trata de la nación pluricultural como el ideal en el país vecino, el Estado Plurinacional de Bolivia, sino de la nación criolla formada de acuerdo con la idea de que la cultura criolla supera a las culturas afroperuanas, andinas y amazónicas al blanquearlas.

Otra herencia de la esclavitud la constituye la servidumbre hogareña. Aguirre piensa en el hecho de que «todavía hoy el trabajo doméstico, en muchos casos, equivale a servidumbre, y reúne en sí la triple opresión de clase, de raza, y de género» (2005b, 31). Si antes fue «la negra» que cocinaba y limpiaba, ahora es «la negra» o «la chola». La consciencia de estas herencias coloniales conduce a recordar que, a pesar de todos los anuncios en las tiendas y bodegas que en un distrito u otro de Lima se prohíbe la discriminación, persiste la discriminación.

Junto a las constricciones de raza van otras de género.

Estos estorbos se complican debido a la resistencia de hablar de género como un problema de todos los días, verificable, cuantificable. Hablando de la actualidad, Salinas, Martínez, y Vidal-Ortiz observan que en tanto Colombia como el Perú, alianzas entre la Iglesia católica, grupos católicos, y partidos de la derecha funcionan para contrarrestar los movimientos feministas y/o LGBTs. Los grupos conservadores hablan de algo que ellos llaman «ideología de género» para luego combatirla (2018, 4). Sin embargo, cualquier observador a las sociedades puede constatar que las mujeres ganan menos que los hombres y que se cosifican en los comerciales emitidos en televisión abierta y por cable. Existe tanta violencia contra las mujeres que el siglo XX vio la necesidad de acuñar un neologismo, el femicidio[2]. Es preciso estudiar las diferencias culturales y económicas entre los hombres y las mujeres para ver las maneras de mejorar la condición femenina.

Una forma de estudiar las líneas generales de las condiciones de género, como es el caso con las de raza, sería dirigiéndose a la literatura, la bitácora de los sueños y dolores humanos, especialmente con la buena cantidad de atrayentes obras literarias escritas por mujeres y hombres. Pero se manifiesta una insuficiencia en las discusiones de este tipo. Frecuentemente se habla de raza, pero no de género; o de género, pero no de raza; ni menos el papel de etnia, y se crean estudios que pueden ser muy buenos en cuanto a raza o a género, pero, a fin de cuentas, solo se revela una faceta de subordinación de una sociedad multifacética. Una persona puede ser avasallada *simultáneamente* por su raza, su género, y su clase social. Pero no es

---

2   Aunque el neologismo feminicidio apareció en inglés al principio del siglo XIX, se hizo general en los estudios sobre la violencia contra la mujer al agotar el siglo XX (Mujica & Tuesta 2012, 172).

una faena fácil de examinar *simultáneamente* estos factores. Lee Skinner advierte que «la interseccionalidad de las identidades raciales, étnicas, socioeconómicas, sexuales y de género, significa que el hablar de «mujeres» requiere diferenciar cuidadosamente raza, clase y región» (2019, 638, trad. mía). En esta oportunidad las relaciones entre criollas y esclavas y entre criollos y esclavos, en algunos instantes de la historia del Perú y del Ecuador, establecen un marco para la discusión.

De hecho, y desde temprano, ciertos aspectos de la condición esclava se han vinculado con la femenina. Dice mucho que, entre las primeras novelas antiesclavistas escritas en las Américas, las dos más comentadas son las escritas por mujeres, *Sab,* de Gertrudis Gómez de Avellaneda sobre Cuba, y *Uncle Tom's Cabin,* de Harriet Beecher Stowe sobre los Estados Unidos. Otra parecida en el Perú, pero tratando a los indígenas, es *Aves sin nido,* de la cuzqueña Clorinda Matto de Turner. Las autoras podían identificar algo en la subordinación de los afrodescendientes o los andinos que coincidía con la subordinación que ellas mismas experimentaban a causa de su género. Sin embargo, habrá que considerar que Gómez de Avellaneda, Beecher Stowe, y Matto de Turner fueran excepcionales en este interés. Skinner avisa que durante el siglo XIX raza y clase dividía a las mujeres para que no forjaran comunidades (2019, 638). De una forma esto es lo que ocurre en *Roque Moreno:* la imposibilidad de forjar comunidad entre españoles y esclavos, entre mulatos y esclavos, y entre hombres y mujeres. Para llegar a esta novelette histórica de la peruana Teresa González de Fanning, hace falta establecer un contexto más amplio para deslindar el medio en que operan sus personajes. Este contexto toma forma al averiguar las relaciones entre género y raza en cuatro autoras sudamericanas, dos peruanas y dos ecuatorianas, todas ellas activas después de las guerras de independencia, pero sí interesadas en aquellas guerras. Las cuatro cultivaron la narrativa histórica interesada en la emancipación política de Sudamérica explorando las condiciones en que vivían los transafricanos en los territorios que hoy día se conocen como el Perú y el Ecuador. El estudio de ellas se lleva a cabo dentro del marco del devenir literario en que se puede aislar tres períodos en la representación literaria de los afrodescendientes: el colonialismo, el negrismo, y la negritud, períodos que asimismo iluminan los pasos de inclusión que buscan las mujeres, en la sociedad, y en el mundo literario, en un gran empuje (todavía no logrado) hacia la igualdad heterogénea.

Los héroes de la independencia

Con el bicentenario de la independencia de los países andinos en el horizonte (Ecuador, 1809-1822; Colombia, 1810-1819, Bolivia 1825-1847; Perú 1821-1824), se celebrará el gran acontecimiento logrado por hombres y mujeres[3]. Dentro de la historiografía de los países andinos, la figura que más ha cautivado a los escritores es Simón Bo-

---

3   He estado pensando en el colonialismo, negrismo, y negritud, y en la historia en las autoras peruanas del siglo XIX y en las ecuatorianas del siglo XX por algunos años ahora. Estas especulaciones tuvieron su génesis en Ward (2004) y fueron ampliando y reconfigurado en el Simposio Internacional: Las mujeres en la formación de los estados nacionales en América Latina y el Caribe, organizado por Sara Beatriz Guardia, CEMHAL/Universidad San Martín de Porres, Lima, Perú el 17 de agosto de 2017, tomando forma intermedia en Ward (2018). Este párrafo originó en Ward (2018, 1).

lívar (1783-1830), conocido como El Libertador. Existen varias biografías sobre él, entre ellas, *Bolívar: Life of an Idealist* (1942) de Emil Ludwig, *Bolívar* (1952) de Salvador de Madariaga, y *Simón Bolívar: A Life* (2006) de John Lynch[4]. No debe sorprender que es tema de ficción también. Como reconoce Daniel Balderston, uno de los dos momentos preferidos que ha dado materia para la novela histórica latinoamericana es precisamente la Independencia (la otra, la Conquista) (1986, 9). En 1989 Gabriel García Márquez publicó su gran novela sobre el Libertador, *El general en su laberinto*. Hasta Caracol TV lanzó en 2019 una telenovela de sesenta capítulos, *Bolívar*. Con un tema tan fundamental, hay lógicamente otros ejemplos[5]. Pero Bolívar no fue el único héroe de la independencia. Obviamente hay que tomar en cuenta las grandes rebeliones indígenas del siglo XVIII como, por ejemplo, las de Túpac Amaru (Perú), de Túpac Katari (Bolivia) y los rebeldes de Pomallacta (Ecuador)[6]. Estos movimientos eran tan importantes que el historiador Luis Durand Flores describe a la época de las guerras levantadas por los criollos, entre ellos, Bolívar, como «la segunda guerra de Independencia» (1993, 56). Por lo tanto, se suman a las rebeliones indígenas, las criollas, la del general Bolívar, el general José de San

---

4   Grillo señala otras biografías (2015, 76).

5   Grillo ofrece otros ejemplos de Bolívar en la ficción (2015, 78) y Conway ha dedicado un tomo entero a la recepción del Libertador en la literatura con *The Cult of Bolívar* (2003). Menton ha estudiado lo que él llama un cuarteto de novelas históricas dedicadas al Libertador (1993, 95-124).

6   El enfoque en los transafricanos en este estudio no quiere sugerir que los indígenas no son también sufridos, ni que las autoras no tenían interés en la condición indígena. *Manuela Sáenz, «Biografía novelada»* de Raquel Verdesoto, por ejemplo, explica que los indígenas se ven forzados a alojarse en chozas humildes (1963, I, 10). Se refiere a la explotación de ellos como mano de obra (1963, II, 66), y se reconoce que «en el último escalón social mueren los indios y los negros» (1963, II, 28). Pero como Sáenz era criolla y las esclavas eran negras y no indígenas, los indígenas no figuran tanto en su historia personal tanto como aquellas.

Martín (1778-1850), y el general Antonio José de Sucre (1795-1830), y claro las de los propios transafricanos.

La exclusión transafricana: colonialismo, negrismo, y negritud

Una lectura de la historia de los próceres frecuentemente conduce a la idea que todos ellos eran criollos, aunque circulan efemérides sobre la sangre de Bolívar, o se queda sin comentario la afrodescendencia del rioplatense Bernardo Monteagudo, suprimiendo la participación de altos números de transafricanos en las batallas. Supresión injusta, como nos recuerda N'Gom, porque el africano y sus descendientes han permanecidos activos en todas las fases de la historia americana desde la llegada de los españoles y la conformación de la nación (2011, 287). A pesar de haber acompañado a peninsulares y criollos letrados durante las grandes guerras como la de la Conquista o la de la Independencia, los africanos y afrodescendientes no han gozado de compartir sus historias ni hasta el punto de algunos pocos amerindios, como Juan de Santa Cruz Pachacuti Yamqui, Felipe Guaman Poma de Ayala, o Fernando de Alva Ixtlilxóchitl, por ejemplo, o en textos anónimos como el manuscrito de Huarochirí, o el *Popol Wuj*. Aparentemente, no existen, o quedan sin descubrir, textos transafricanos del siglo XIX de Latinoamérica de la talla de los de Estados Unidos como *Narrative of the Life of Frederick Douglass, an American Slave* (1845), *The Bondwoman's Narrative* (1853-1860) de Hannah Crafts, *Up from Slavery* (1901) del educador Booker T. Washington, y *The Souls of Black Folk* (1903) del sociólogo W.E.B. Du Bois.

Uno de los pocos textos que ha surgido de Hispanoamérica se encuentra en la *Biografía de un cimarrón*, una novela-testimonio de Cuba, publicado en 1966 por Miguel Barnet. El texto es narrado por Esteban Montejo, un ex-esclavo transafricano cuando tenía 108 años de edad.

Un problema para la identidad latinoamericana lo constituye la escasez de textos de afrodescendientes, otro, la falta de interés en los pocos que han salido recientemente. Richard Leonardo Loayza reconoce que la literatura que aborda el tema de los afrodescendientes «tiene la mala fortuna de ser estudiada como una excepción, una curiosidad» (2016a, 16). En una entrevista, la novelista afroecuatoriana Argentina Chiriboga notó la dificultad de encontrar cabida en el canon literario: «las puertas de las Instituciones Culturales están cerradas para mí» (Chiriboga, Seales Soley, Seales Soley, 1998, 64). Gran error de no incluir a la literata que escribe sobre las comunidades transafricanas en Latinoamérica dado que constituyen elementos importantes en las naciones de habla española[7].

En cuanto a ser actores en los movimientos sociales, parece que la única forma que los transafricanos tuvieron para expresarse ha sido la rebelión violenta. Hay un sinnúmero de casos como el de Rosa Conga en la revuelta de la hacienda de San Jacinto, en 1768, estudiado por el historiador Wilfredo Kapsoli (1975a). Rosa Conga no era la única revoltosa y Kapsoli ha estudiado varias sublevaciones durante el siglo XVIII en las haciendas del valle de Nepeña, el terruño de González de Fanning (1975b). Hay otros casos como el de Micaela Bastidas que puede haber tenido un padre de origen africano, pero según el histo-

---

7   Ideas en este párrafo presentadas originalmente en Ward (2018, 1-2); aquí reorganizadas y ampliadas.

riador Charles Walker, las pruebas sobre este aspecto de su vida no son concluyentes (2014, 21). La participación en las revueltas, la decisión de vivir como los salteadores, y la compra directa de la libertad, prueba lo que afirma el historiador Aguirre: «los esclavos fueron, antes que pasivas y resignadas víctimas, agentes activos de su propia emancipación» (1991, 41). La exclusión de grupos subalternos, transafricanos, indígenas y mujeres, constituye una de las grandes paradojas y una de las grandes decepciones, porque con la independencia tan duramente conquistada, los que más necesitaban de su libertad quedaron arrinconados. La triple supresión de mujeres, indígenas, y transafricanos es de larga trayectoria, pero no es absoluta, y existen brotes de expresión *sobre* ellos, y luego *de* ellos.

Si tardó siglos que el transafricano hispano lograra su propia expresión alfabética, este sujeto de la diáspora africana aparece en la escritura española desde el principio de la Conquista. Será un rasgo contínuo pero permutable en la paulatina transformación de la historiografía española a la literatura latinoamericana. En este largo proceso escritural, se puede constatar una evolución en la forma en que el transafricano aparece entre las páginas. Durante el colonialismo tiene ciertas características, las cuales pasan al siglo XIX, período que, no obstante, anuncia ciertos cambios. Las cosas dan vuelta drásticamente durante el siglo XX cuando los afrodescendientes mismos comienzan a cultivar la literatura escrita.

Desde las primeras crónicas que describieron el Nuevo Mundo, se fraguó el hispanismo en la historiografía de Las Indias. Como los españoles eran los guardianes del español, pasaron este privilegio a los criollos lentamente mientras el poder sangraba de aquellos a estos. No debe sorprender, pues, que los escritores latinoamericanos, hombres y mujeres, solían ser los protectores de la hispanidad. No tiene nada de raro, porque ellos eran *criollos* y escribían *desde* la perspectiva de su propia cultura. Debido a las condiciones de colonialismo y esclavitud y su persistencia a través de los años, las personas afrodescendientes aparecen en la literatura latinoamericana mediante las plumas de gente española, luego criolla. En esto, los esclavos desde la colonia hasta la emancipación, como los indígenas compartimentados en encomiendas, repartimientos, congregaciones, y haciendas, no participaban en el mundo literario excepto como referente en algunas obras. Como africanos y transafricanos acompañaban a conquistadores y a colonos que venían en la estela colonialista, no es de extrañar que los conquistadores, y los colonos, los cronistas y los burócratas que venían con ellos se refirieran de vez en cuando a las personas que ellos simplemente llamaban «esclavos», «negros», o «bozales». Los individuos de todos estos grupos dejaron descendencia a la cual se sumaban nuevos migrantes de la península y de África.

La historia de la representación de los transafricanos en la literatura latinoamericana escrita en español desemboca en tres épocas distintas, el *colonialismo*, el *negrismo*, y la *negritud* que tienen que ver con el momento de composición de los textos estudiados, pero también de la índole de aquellos textos[8]. Durante el intervalo que va de la Conquista a la Independencia, es decir, dentro del colonialismo, existen varias, aunque no frecuentes, incorporaciones de los transafricanos, algunas veces accidentadas en su aparición. Por ejemplo, en el género literario e histo-

---

8   Velázquez Castro (2016), partiendo de Handelsman (2001), comenta una cuarta época, el afrocentrismo, posterior a la negritud.

riográfico de la colonia conocido como «crónicas de Indias», hay referencias a algunos individuos de origen africano. Pero la meta de los cronistas no es la de incluirlos, sino simplemente elogiar las grandes hazañas de sus compatriotas. En esta gran narración de la gloria ibérica, entran en la escena un esclavo que otro, pero dentro del colonialismo, no es muy verosímil ni muy auténtica la representación de la gente subalterna. Dos ejemplos sirven para poner de manifiesto este problema, la *Crónica del Perú* de Pedro Cieza de León y *La nueva crónica y buen gobierno* de Guaman Poma de Ayala. El primero menciona a algunas acciones de los «negros», algunas heroicas, pero estos personajes no tienen nombres, no tienen personalidades. Por ejemplo, cuando un esclavo del capitán Jorge Robledo toma posesión de una cantidad creciente de oro, no se revela su nombre (1995, fol. 27 [xvii], 60). Por su parte, la *Nueva crónica y buen gobierno* reconoce toda la gama de diversidad en las culturas al principio del siglo XVII, como cuando distingue entre «yndios, negros y españoles cristianos, turcos, judíos, [y] moros» (1987, 949 [963]). Guaman Poma, observador detallista sobre el engranaje del coloniaje, nota que había «muchos morenos», en la Conquista (1987, 391[393]). Como consecuencia ubica a los transafricanos en un grupo extendido con los españoles. Por lo tanto, elogia al virrey Francisco de Toledo cuyas ordenanzas protegen a los indígenas al decretar que «ni entrase ni español ni mestizo ni mulato ni negro en sus pueblo ni tierras» (1987, [446] 448). Tal prohibición, cuando se cumplía, tenía el resultado de preservar las tradiciones andinas, la preocupación mayor del kuraka letrado. Guaman Poma fue capaz de ver a los transafricanos como devotos al dios cristiano, pero siempre asociados con el colonialismo. Por esto los ve negativamente explicando «negros y negras criollos son bachilleres y revoltosos, mentirosos, ladrones y robadores y salteadores, jugadores, borrachos, tabaqueros, tramposos, de mal vivir y de puro bellaco matan a sus amos y responde de boca» (1987, 704 [718])[9]. Debido a la profundidad de su perspectiva indígena sobre la destrucción de la cultura andina, no se le ocurrió a Guaman Poma que los «negros bozales» mataron a sus amos porque buscaban su libertad.

Contemporánea a Guaman Poma fue Catalina de Erauso, la monja alférez, quien se vistió de hombre, tomando el nombre de Francisco de Loyola, lo cual le dejaba cazar a las mujeres. Existe un texto, *Historia de la monja alférez* que se supone de su autoría en el cual menciona a los transafricanos en algunas instancias. En Catalina de Erauso se encuentra una verdadera colonialista. Ella no respeta a los indígenas, ni mestizos, ni negros. Narra como algo normal que su amo le dio dos negros y una «negra» que le preparase los guisos. Luego uno de ellos le advierte de un peligro: «entró un negro y me dijo que estaban a la puerta unos hombres que parecían traer broqueles». Después ocurre una lucha de chavetas. La monja alférez nombra al hombre con el puñal, un «fulano Reyes» (2002, 102-103), pero el esclavo que le salvo la vida queda sin nombre. La *Historia de la monja alférez* guarda semejanza con la *Crónica del Perú* cuando el afrodescendiente ni merece ser llamado «fulano», no tiene nombre, no es una persona, es sencillamente un «negro». Un desfile de mujeres españolas y criollas pasan por las páginas de *Historia de la monja alférez*. Francisco nunca revela que piensa de ellas, salvo un solo

---

9   Para facilitar la lectura, he corregido y modernizado la ortografía de Guaman Poma.

caso: una negra de la cual él dice que no le gustan las feas (2002, 122). A veces, ¿siempre?, la estética española y criolla no admitía «lo negro» como elemento positivo. Este caso de Francisco de Loyola puede haber sido uno de estos casos. Puede relacionarse este tipo de figuración de los transafricanos con el colonialismo, en el cual los españoles y los criollos retratan a los «negros», excluyendo toda ejemplificación auténtica de ellos.

Con el fin del colonialismo transatlántico, el negrismo se instala como una tendencia en la cual, lamentablemente, el colonialismo sobrevivió como un fenómeno interno y saltó al primer siglo de independencia, y duró, con algunas excepciones, hasta la época en que los transafricanos comienzan a expresarse en una tendencia literaria denominada frecuentemente como la negritud. Esta se desarrolla durante el siglo XX. Antes de discutir la negritud, hay que subrayar que el *negrismo republicano*, para llamarlo así, guarda muchas semejanzas con la forma de representar a los transafricanos en la escritura durante el colonialismo, especialmente porque todavía son los blancos (no los negros) que escriben sobre los sujetos transafricanos, a detrimento de una representación auténtica. No sucede un cambio súbito del colonialismo a la independencia como uno se supondría. El ensayista Manuel González Prada, en un ensayo de *Horas de lucha*, «Nuestros licenciados vidriera», lamenta que «nuestro régimen político y nuestra vida social se reducen a una prolongación del Virreinato, con sus audiencias, sus alcaldes, sus corregidores, sus repartimientos» (1976, 327). Cuando la política no cambia, ¿cómo va a cambiar el trato de las personas? Donde sí se difiere el negrismo republicano del fenómeno colonial es cuando surge un afán honesto, en varios casos, de dibujar mejor a las personas de orígenes africanos y hasta de abolir la esclavitud. Las formas de expresión del siglo XIX emergen de las del coloniaje, pero, por su abolicionismo frecuente, adelantan en algo el trato de los afrodescendientes en la literatura.

Entre los textos negristas de las primeras décadas de las nuevas repúblicas, figura *El matadero* (¿1838?) de Esteban Echeverría, el fundador de la Generación de mayo, un grupo de escritores románticos alineados con la independencia de las Provincias del Río de la Plata y de los unitarios, una de las dos facciones de la guerra civil que surge con la emancipación. Esa conflagración interna prueba que la independencia no se conquista en el campo de la política nacional argentina, y difícilmente en el de la cultura. En *El matadero*, el autor pretende simpatizar con las afrorioplatenses como personas sufriendo bajo el yugo de los patrones, pero las pinta como ladronas por ejemplo en esta línea de diálogo, «"Che, negra bruja, salí de aquí antes de que te pegue un tajo" –exclamaba el carnicero». Ella replica «Yo no quiero sino la panza y las tripas» (1965, 80). Se refiere a una de las varias negras achuradoras que trabajan en el matadero. Aunque se revela que las achuradoras trabajan con hambre, también las pintan como ladronas. Da pena la forma de perfilar a estas mujeres.

Hay otro aspecto. Existen, por ejemplo, «negras y mulatas achuradoras, cuya fealdad transmutaba las arpías de la fábula, entremezclados con ellas algunos enormes mastines» (1965, 79). Aquí se repite la idea antiestética de lo negro como algo feo tal como se constató en el texto colonial de la *Historia de la monja alférez*, pero se acentúa el colonialismo aún más cuando a estas mujeres se las asemeja a los caninos, lo cual las animaliza. Aun peor es cuando se sexualiza a estas obreras de una fábrica primitiva cuando se combinan el sebo con los pechos de una (1965, 80). La orientación que ocurre al sexualizar a estos sujetos cancela el anticolonialismo cual es la supuesta intención del autor. De esta época también se halla la novela *Sab* de la cubana Gertrudis Gómez de Avellaneda, pero por las condiciones coloniales particulares de Cuba, es decir, no se separa políticamente de España hasta 1898, no entra de lleno en la discusión aquí[10].

Quizá la abolición de la esclavitud en las décadas posteriores a la independencia puede encarnar, por fin, la «independencia» para los transafricanos, por lo menos al pie de la letra, aun cuando no en espíritu. En el Ecuador, la manumisión de los esclavos fue lograda en 1851 por el presidente José María Urbina, dos años después en la Confederación argentina (por presión inglesa), y un año más, es decir en 1854 en el Perú por decreto del general Castilla[11]. Al comenzar la década después de la emancipación de los esclavos, surge una serie de obras dentro del negrismo republicano.

En el Perú, en menos de una década depués de la abolición, se publicó «El ángel caído», relato de varios capítulos de 1862 de la argentino-peruana Juana Manuela Gorriti en la *Revista de Lima*[12]. Se trata de un cimarrón violador que quiere vengarse de las criollas que le han rechazado. Con el paso de otra década aparecen algunas *tradiciones* de Ricardo Palma de tema negrista. Estas incluyen «La emplazada» de 1874 y «Pancho Sales, el verdugo» de 1875, las dos publicadas en *El Correo del Perú*. Con Palma

---

10 Sobre *Sab* de Gertrudis de Gómez de Avellaneda, ver, por ejemplo, Ward (2006).

11 Lamentablemente, la emancipación de los esclavos transafricanos en el Perú «hizo necesaria» la importación de peones endeudados del mundo chino, los llamados coolíes de la isla de Macao.

12 Anteriormente, traté la materia de este párrafo y el siguiente, aunque de forma más escueta (2018, 2-3).

hay el intento de humor como en el caso de «La emplazada» por la forma en que la hacendada asesina al enamorado afroperuano al creerle infiel. Pero el concepto es todavía negativo como cuando Pancho Sales se compromete a ser verdugo para conseguir su libertad, haciéndolo parecer oportunista.

Dentro y fuera de este grupo puede considerarse la novela *María* (1867) del colombiano Jorge Isaacs, dentro porque es contemporáneo y porque los transafricanos no protagonizan la narración, pero fuera porque esta narración contiene una historia intercalada, «Nay y Sinar», la que insólitamente trata solidariamente a una pareja de la diáspora africana, presentando su vida en África, su captura, el viaje transatlántico, y en lo que concierne a Nay, su vida posterior como esclava en Colombia. El ejemplo de *María* es cabal porque se intenta mostrar la vida interior de los esclavos y se lo hace con la historia que viene siendo desde la colonia. Pero, como ha observado Skinner, solo llega hasta cierto punto, porque el trabajo de las esclavas transafricanas no se menciona, y la misma Nay, nombrada Feliciana luego, es la única esclava femenina que tiene nombre en la obra (2019, 641). Estas obras de ficción tienen la ventaja sobre las obras del pleno coloniaje puesto que varios personajes ya tienen nombres, no son anónimos. En algunas obras de Gorriti y de Palma los afrodescendientes entablan diálogo y escuchamos sus pensamientos por primera vez. También puede haber cierta simpatía para los afrodescendientes. Pero ni las crónicas coloniales ni la ficción de las primeras décadas de independencia piden perdón por la esclavitud[13].

En el negrismo también se incluye la novelette his-

---

13 Una excepción sería Las Casas quien, despúes leer sobre la esclavitud portuguesa en África, cambia de parecer y pronuncia en contra de la esclavitud. Véase Clayton (2011, 138-139).

tórica *Roque Moreno* (Buenos Aires, 1899; Lima, 1904) a pesar de su aparición mucho más tarde que las obras de Gorriti, Isaacs, y Palma. Esta obra de Teresa González de Fanning, acaso trate de defender a la emancipación de las personas de afrodescendencia durante la guerra de Independencia, pero cae en posturas esencialistas al partir del «miedo criollo» que se sentía ante las personas de origen africano, pintándolas como de baja moral, tendencias violentas, intenciones criminales y egoísmo absoluto[14]. De hecho, *Roque Moreno,* como otras obras negristas, guarda mucho en común con los malogrados esfuerzos de representación negra lanzadas en el período anterior por Echeverría, Isaacs, Gorriti, y Palma[15]. Y de verdad, la línea entre el colonialismo y el negrismo puede ser elástica. Un elemento primordial de las obras negristas, que lo guarda en común con las colonialistas, es que sus autores son hispanos y no transafricanos. En el colonialismo el autor es un español o después, un criollo, quien tiene un interés fundamental en propagar una visión colonialista, quien defiende o meramente acepta la esclavitud; en el negrismo, el autor/a suele ser peruano, colombiano, ecuatoriano (u otro gentilicio nacional) cuya meta principal suele ser definir la nación desde la perspectiva criolla, lo cual esquematiza la población afrolatinoamericana. En fin, el negrismo puede tener resultados simpatéticos a la condición negra, pero

---

14   Acaso por esta razón Velázquez Castro prolonga el período colonial hasta 1880 cuando, para él, se inicia el negrismo (2016, 73-76). Su concepto tiene sentido puesto que las cosas no cambian para los transafricanos hasta que se hace ilegal la esclavitud. Pero también hay que tomar en cuenta que escritores como Gorriti, Isaacs, y Palma son escritores de la vida republicana y son diferentes de los autores de *La monja alférez* y de las crónicas.

15   Velásquez Castro menciona otras obras en este intervalo, *Cantos populares de mi tierra* (1878) del colombiano Candelario Obeso y *Salto atrás* (1889) del peruano José Antonio de Lavalle (2016, 74).

también puede caer en facilismos que estereotipan. Se puede considerar de esta forma, por ejemplo, el capítulo 4 de la tardía *La tía Julia y el escribidor* (1977), novela de Mario Vargas Llosa. En una de las telenovelas intercaladas en esta larga narración autobiográfica, el sargento Lituma encuentra un transafricano y él y sus colegas lo tratan como un estúpido que no sabe hablar (cuando en realidad solo no sabe hablar castellano). Lo peor es que se escribe así para logar un efecto cómico. Se puede decir que este capítulo de *La tía Julia*, tan tarde como de 1977, vuelve al negrismo con un furor.

N'Gom observa que Palma, con Abraham Valdelomar y Enrique López Albújar, fueron autores con descendencia de África, pero incorporados a lo que él llama el institucionalismo literario, o el canon, y así fueron neutralizados (2011, 289). En otras palabras, para ganar la aceptación, pasaron como «criollos». No obstante estas dificultades, el negrismo durante la república se supone un avance sobre los eventos figurados durante el coloniaje y aun sobre la república temprana, pero no del todo. Pese a que una de las metas del negrismo constituía el abolicionismo, asimismo puede ser exotista en su forma de retratar a esa población y aún puede mostrar lo que Marcel Velázquez Castro, refiriéndose al negrismo entre 1880 y 1930, describe como «elementos residuales del período colonial-esclavista anterior» (2016, 75)[16].

Después del colonialismo y del negrismo nace el tercer período, la *negritud*, cuyo nombre fue sugerido por autores

---

16   Por ejemplo, Geisdorfer Feal explica que el negrismo «typically offered linked images of the land and the enslaved women as «hot»: sweltering sun and sweat-drenched brows; swaying palm trees and swinging hip» (1998, 24). Las palabras de Geisdorfer Feal nos hace pensar inmediatamente en *El matadero* de Echeverría.

francófonos como el martiniqués Aimé Césaire y el sene-
galés Léopold Sédar Senghor cuando los transafricanos realmente comenzaron a representarse ellos mismos[17]. El
vanguardista cubano Nicolás Guillén también resulta emblemático para este intervalo. Ejemplos para este grupo se
encuentran en *Motivos de son* (1930) y *Sóngoro Cosongo*
(1931) de Guillén, el *Discours sur la négritude* (1950) de Aimé
Césaire, y poemarios como *Décimas* (1959), *Ritmos negros
del Perú* (1973), *La décima en el Perú* (1982) del peruano Ni-
comedes Santa Cruz, y *Roots* (raíces) del estadounidense
Alex Haley en 1976. Se destacan más recientemente
Changó, el gran putas lanzado por el colombiano Manuel
Zapata Olivella en 1983 y *Malambo* (2000, 2001) de Lucía
Charún-Illescas, llamada a veces la primera novelista afroperuana. *Negritud* parece ser el vocablo que se usa más en
la diversidad de contextos nacionales. Es el vocablo que
emplea Argentina Chiriboga para su novela *Jonatás y Manuela* (Chiriboga, Seales Soley & Seales Soley 1998, 65), y es
el que se utiliza en esta introducción para reflejar este uso.

La exclusión de las mujeres héroes de la independencia

Desgraciadamente los afrodescendientes no eran los
únicos actores liberatorios excluidos de la historia y la literatura. Igualmente, se habían borrado las contribuciones
de las mujeres. Junto con afrodescendientes, indígenas y
otros tipos de actores criollos, las huestes de la independencia aumentan con la participación de mujeres. Entre
ellas, participaron María Andrea Parado de Bellido (1777-

---

17   Una versión inicial de este párrafo apareció en Ward (2018, 3-4).

1822), Rosa Campusano Cornejo (1796-1851), Manuela Sáenz (1797-1856), Francisca de Zubiaga de Gamarra, la mariscala (1803-1835), y otras[18]. Aunque se han excluido mayormente a las mujeres de la historia y de la literatura, sí existen algunas obras literarias que tratan de estas heroínas, por ejemplo, sobre la última, Abraham Valdelomar compuso una biografía novelada, *La mariscala* (1914). Se han llevado a cabo otros proyectos de representar a estas independentistas. Sara Beatriz Guardia, por ejemplo, ha insertado la lucha de La Mariscala en el proyecto feminista más amplio del siglo XIX, al cual se integraron Flora Tristán y Dominga Gutiérrez de Cossío, con su *Dominga, Francisca, Flora: Soy una fugitiva, una profana, una paria* (2016)[19]. Ricardo Palma fue uno de los primeros en presentar a Manuela Sáenz en la literatura y le dedicó una trilogía de piezas cortas en prosa[20]. Biografías completas sobre Manuela Sáenz son *The Four Seasons of Manuela, a Biography* (1952) de Víctor y Christine van Hagan, *Sin temores ni llantos. Vida de Manuelita Sáenz* (1997) de Galo René Pérez y *For Glory and Bolívar: The Remarkable Life of Manuela Sáenz* (2008) de Pamela S. Murray. Linda Lema Tucker ha publicado *Manuela Sáenz, la heroína olvida* (2018). Muy temprano fue el interés de Raquel Verdesoto de Romo Dávila cuya *Manuela Sáenz, «Biografía No-*

---

18 Estas especulaciones tuvieron su génesis en Ward 2004. Fueron ampliando y reconfigurado en el Simposio Internacional: Las mujeres en la formación de los estados nacionales en América Latina y el Caribe, organizado por Sara Beatriz Guardia, CEMHAL/Universidad San Martín de Porres, Lima, Perú el 17 de agosto de 2017, tomando forma intermedia en Ward (2018).

19 Hay otros textos de autoría femenina que proceden de diversos lugares en Latinoamérica como *La dama de los perros* (2001) de Leffmans, *Simón era su nombre* (2010) de Iturralde, y *La Gloria eres tú: Manuela Sáenz* (2001) de Miguens, estudiados por Grillo 2015. Lamentablemente, la mayoría de estas obras no se ha difundido, dificultando su estudio.

20 Ver Hennes (2010).

velada» se publicó en 1963. De todas las próceres femeninas, acaso Manuela Sáenz se hace la más conocida.

Lamentablemente el papel de estas mujeres en los procesos liberatorios frecuentemente se mitigue frente a los grandes héroes varones. Esto es porque los varones ocupaban las posiciones de más poder en la esfera pública, y porque solían ser los que compusieron la historiografía. Con el auge de la escritura femenina durante el siglo XX y una representación más auténtica de la mujer que trajo, se ha puesto un interés especial en el papel de Manuela Sáenz, feminizando la prosa histórica andina de tema independentista. Sáenz constituye un punto de partida para la discusión sobre lo criollo, lo femenino, y lo heterogéneo en los procesos de la independencia. Pero tampoco se debe dejar de enfatizar que había mujeres de todos los días que tomaron sus papeles y actuaron.

El ideal doméstico, la expectativa civilizadora, y la escritura

Una de las razones que las mujeres han sido excluidas de la historia yace en el hecho de que esta, hasta muy reciente, es escrita por hombres. Otra reside en el hecho que se espera de la mujer su presencia en el hogar, no en el campo de batalla ni en la esfera política. El ideal doméstico para la mujer es difícil de aceptar después de la legalización del divorcio, la culminación exitosa del movimiento sufragista, el eclipse parcial de la época industrial, y al auge de la edad informática que define igualmente las vidas de mujeres y hombres. Sin embargo, cuando la mujer no podía votar y difícilmente podía ser dueña de casa, la meta de ser la educadora de hijos en casa era una de las pocas metas factibles. Según el Código civil de 1852 del Perú había cinco clases de personas sujetas a otras personas: los incapaces, los menores de edad, los huérfanos, los esclavos, y las mujeres, todas ellas (1852, 12-13). El ideal doméstico fue explorado y aun elogiado por diversas novelistas como Juana Manuela Gorriti en *Peregrinaciones de una* [sic] *alma triste,* Clorinda Matto de Turner en *Aves sin nido* e *Índole,* Mercedes Cabello de Carbonera en *Blanca Sol,* y Teresa González de Fanning in *Roque Moreno.*

Un aspecto de este ideal doméstico se encuentra en la idea de que la mujer va a pacificar al hombre cuya violencia encarna un grave peligro en la sociedad. El hombre más feminista del siglo XIX peruano fue Manuel González Prada quien, en un ensayo *Páginas libres,* «Instrucción católica», formuló su idea con las siguientes palabras: «el hombre no se civilizó en la tienda de campaña, en el cuartel, en el claustro ni en la escuela, sino en el hogar, bajo la dulce influencia de la mujer» (1976, 80). Para González Prada y otros intelectuales, masculinos y femeninos, este ideal se encuentra en la literatura y sociedad francesas de la época. En el diario de la distinguida escritora modernista Aurora Cáceres, ella comenta el caso de un conocido matrimonio francés, el de Henri Chambige, que ella ve como paradigmático. Explica que «había sido mujeriego, conquistador y, además famoso esgrimista» (1929, 108). Como conquistador es violento, como esgrimista encarna un tipo de violencia institucionalizada, y como mujeriego abusa de las mujeres, tanto «que en su juventud había tenido la desgracia de matar a una mujer» (1929, 109)[21]. La mujer que había matado era «una esposa respe-

---

21   Para más sobre Chambige, ver Ginn (1991).

table y distinguible» (Ginn 1991, 23). Cáceres interpreta estas características masculinas como una enfermedad, una «neurastenia» (1929, 109), a saber, un trastorno de las facultades mentales. La forma más adecuada de curarse de tales defectos, especialmente en una sociedad católica se halla en el matrimonio. Cáceres agrega: «Su señora… madre de familia excelente, ordenada, económica y que adora a su marido, ha logrado, con esta habilidad propia de las francesas, dominar al ilustre autor de *La débandade* y encarrilarlo dentro del método casero…» (1929, 108). De esta suerte, «la dulce influencia de la mujer» puede domar al animal, civilizarlo. Otras veces, cuando la masculinidad desborda a otros niveles superiores, se necesitan otras tácticas. La misma Cáceres tuvo que desempeñarse de esta forma cuando su marido bohemio, el conocido autor modernista Enrique Gómez Carillo, venía a casa más tarde de lo que debía, y para castigarlo, moldearlo, tuvo que enfrentarlo con «frialdad marcada y fingida» (1929, 96). La entrada en el diario de Cáceres refiere a la época de 1906. Por lo tanto, coincide muy bien con la fecha de publicación de *Roque Moreno* en Lima meramente dos años antes, es decir, en 1904, en pleno modernismo[22].

Las mujeres conquistaban el derecho de la educación supuestamente porque iban a educar a sus hijos e hijas en sus casas. Se trata del ideal del «ángel del hogar», que para Nancy LaGreca implicaba cristianismo, castidad, y la felicidad de hijos, esposo, y otros miembros de la familia (2009, 5). Lucía Guerra-Cunningham nota que la idea del ángel del hogar «complementaba a la Virgen María como modelo prescriptivo de las virtudes y deberes de la mujer». Ella también nota que el ideal doméstico fue abrazado

---

22   *Roque Moreno* se había publicado como folletín en Buenos Aires en 1899.

para las grandes autoridades. Tanto Voltaire (la ilustración) como Auguste Comte (el positivismo) veían en la división de los sexos como algo natural (2012, 824). Entonces la visión que se pintan en las novelas decimonónicas era la establecida y aceptada tanto por los hombres como las mujeres. Pero algunas de las autoras (¿cuántas?) aceptaban esta dicotomía en muchos casos sólo como una estrategia retórica, porque de otra forma hubieran sido marginadas. Varias de ellas al mismo tiempo buscaban sus entradas en las escuelas y los trabajos.

Las escritoras que aprovecharon esta actitud e ideal social entre las élites entraron en una paradoja que Isabelle Tauzin-Castellanos describe en los siguientes términos: las primeras novelistas peruanas «llevarán una existencia independiente mientras sus obras ensalzarán el encierro familiar» (1995, 167). La paradoja se explica porque las escritoras tenían que escribir de acuerdo con las normas ideológicas de la sociedad, especialmente si iban a encontrar cabida en las revistas del día, las que fueron dirigidas, en varios casos, por los hombres. Dado estas condiciones, las cuales se asemejan a la censura, y aun autocensura, habrá que concluir con Isabelle Tauzin que «su emancipación intelectual sólo podía ser parcial» (1995, 167). Cuando la autonomía de una autora fue más que parcial, como subraya LaGreca, los hombres la tachaban de viril, fuera de lo femenino (2009, 4). Dentro de este contexto, hubiera sido «artificial» que las autoras se ocuparan de temas de nada menos que la Independencia nacional, más «absurdo» aun si se ocuparan de figuras femeninas en la Independencia. La exclusión de las mujeres como autoras dentro del modernismo (1888-1915), es decir, en 1904 cuando se publica *Roque Moreno* en el Perú, y antes y después, se hace grave y casi absoluto (Miseres 2016, 400; Moody 2014, 59; Ward 2007, xiii-xvi).

La producción de la literatura no es el único factor que complica el ideal doméstico. Este se hace multifacético, y hasta laberíntico, porque las mujeres se suponían restringidas a la casa, pero ellas también tenían criadas, cocineras, nodrizas. Aun después de la Independencia estas seguían en estas ocupaciones, y como dice del Busto Duthurburu, se veían «de lavanderas a las orillas del río» (2001, 71). Como queda dicho con Aguirre, la esclavitud desemboca en la servidumbre doméstica: «el trabajo doméstico, en muchos casos, equivale a servidumbre, y reúne en sí la triple opresión de clase, de raza, y de género». Por lo tanto, hubo un ideal doméstico dentro de otro ideal doméstico. O, dicho de otra forma, hubo una colonialidad, el servicio doméstico, dentro de otra colonialidad, el matrimonio. Había escalas de colonialidad.

Un elevado número de transafricanas junto con transandinas terminaron trabajando en las casas de las haciendas y en las residencias urbanas. Para decirlo de otra forma, las mujeres criollas sufrían de una especie de colonialidad por su género y las mujeres transafricanas sufrían asimismo una colonialidad por su género, pero por encima de ella, sobrellevaban otra colonialidad por su condición de afro. Los hombres transafricanos hacían diversos servicios domésticos, incluyendo los de barbero y mayordomo, pero más frecuentemente terminaron en los duros trabajos en la hacienda, y en los ingenios donde se quemaron bajo el sol.

Otra gran diferencia entre las circunstancias de las mujeres criollas y los hombres y mujeres de origen africano reside en el hecho de que aquellas tenían acceso a las letras y estos casi nunca lo tuvieron. A los transafricanos no les permitieron aprender a leer y escribir, y se quedaron, a aquellas alturas, fuera de la literatura y la historiografía como agentes de su propio destino. Marcel Velázquez Castro observa que «La palabra propia, originaria de las poblaciones esclavizadas fue silenciada, y erradicada parcial o completamente» (2016, 70). Como resultado de aquella prohibición, no se conservan, o quedan sin encontrar en los archivos, textos transafricanos del siglo XIX. En cambio, debido 1) al ideal doméstico que liberaron a las criollas del trabajo fuera de la casa y 2) a la servidumbre que las liberaron del trabajo dentro de la casa, tenían más tiempo para ir a misa, y para escribir. En el ámbito de Lima muchas mujeres pusieron pluma al papel y escribieron. Tantas fueron las que escribían que Francesca Denegri, refiriendo a la segunda mitad del siglo XIX, las denominó *La primera generación de mujeres ilustradas en el Perú* (1996). Las escritoras de este período cultivaron la poesía, el teatro, el ensayo, el artículo, la leyenda, la tradición, y especialmente cultivaron la ficción. Entre la diversa temática novelesca, interesan dos líneas en esta oportunidad, la novela histórica de la independencia y la negrista. Existe un elemento sugestivo. A pesar de que la historia de la Independencia latinoamericana se había escrito mayormente por los hombres criollos, las escritoras criollas activas en la segunda mitad del siglo XIX y en el XX toman la palabra para colocar en sus lugares, que deben de ser históricos, a las mujeres ocupadas en las actividades libertarias, a saber, criollas y negras.

Una de las escritoras ilustradas fue Teresa González de Fanning en cuyas obras se puede notar el ideal doméstico, aunque matizado por un creciente interés en la participación de la mujer en la fuerza laboral. En cuanto a la segunda posibilidad, en un ensayo «Trabajo para la mujer», que Ricardo Palma leyó para ella en la séptima velada organizada por Juana Manuela Gorriti, ella proclama que la mujer pide «no la emancipación, no el ejercicio de los derechos políticos, sino pura y simplemente el ejercicio del santo derecho del trabajo» (Gorriti, 1892, 286). Ella luchaba con estas palabras para, por lo menos, una pequeña liberación del ideal doméstico. Pero no pudo exigir más, porque en este momento las mujeres todavía no habían conquistado el derecho de sufragio, entonces la estrategia tenía que comenzar con la educación y el trabajo fuera de la casa. Con *Roque Moreno*, González de Fanning no va tan lejos como hizo en «Trabajo para la mujer» y se limita al perfeccionamiento del ideal del «ángel del hogar»como control de la masculinidad desorbitada de varios de los personajes varones. Lo que ella hace en esta novelette cae en una categoría definida por Skinner, la que prioriza los labores que valorizan el trabajo hogareño (2019, 638). Esto podría incluir el organizar una cena, por ejemplo, como doña Chavelita hace cuando don Justo visita a la casa de ella y su marido don Roque. En su casa, ellos, dos transafricanos libres y dueños de una hacienda, le ofrecen comida a don Justo, un español. La cena era «preparada bajo la inteligente dirección del ama de casa» (1904, 25). El «carácter ingenuo, tierno y bondadoso» (1904, 9) de doña Chavelita, la ama de casa, la emparenta con el ideal doméstico, la mujer que domestica al hombre. En «Las esclavas de la Iglesia», ensayo de *Horas de lucha,* González Prada diría civilizar. Lo enmarca de esta manera: «Si llevamos el nombre de nuestro padre, representamos la hechura moral de nuestra madre. En tanto que los políticos se jactan de monopolizar la dirección del mundo, las mujeres guían la marcha de la Humanidad. La fuerza motriz, el gran propulsor de las sociedades, no funciona bulliciosamente en la plaza ni en el club revolucionario: trabaja silenciosamente en el hogar» (1976, 241). Este ideal se ve claramente en *Roque Moreno,* la novelette de González de Fanning.

Se destaca este ideal en el personaje de doña Chavelita quien logra domar a su marido, «el más arrogante mozo del pueblo» (1904, 9). Lo hace «sin más guía que su amorosa pasión, su instinto femenil y su atrayente y discreta gracia». La narradora agrega: «Ella era su ángel bueno; ella la que refrenaba su carácter indómito, modificando sus tendencias sanguinarias y su sórdida codicia» (1904, 10). Y desde luego la narración aporta una ideología feminista no tan clandestina. Los hombres son los que cometen los crímenes (el robo y el asesinato), y las mujeres (como la esposa de Roque, doña Chavelita) encarnan la civilización. Roque nunca puede admitirle a su esposa los pensamientos egoístas y codiciosos que dominan su pensamiento, porque no entran en su cosmovisión femenina.

Actitudes de esta índole pueden confirmarse en mucha literatura femenina de aquel momento. Las autoras que se instalaron en lo que Ángel Rama llamó «la Ciudad Letrada», pudieron tratar de dibujar a los sectores más menospreciados de la sociedad, pero para publicarse, primero tuvieron que hacer engranaje con el llamado ideal doméstico para ser aceptado para luego saltar a la esfera pública, en sus vidas, en su temática. Entre las sudamericanas más destacadas figuran Gorriti (Argentina-Perú: 1818-1892), Juana Manso de Noronha (Argentina: 1819-1875), Soledad Acosta de Samper (Colombia: 1833-1913),

Rosa Guerra (Argentina: 1834-1864), Eduarda Mansilla de García (Argentina: 1834–1892), Carolina Freyre de Jaimes (Perú:1835-1906), González de Fanning (Perú: 1836-1918), Cabello de Carbonera (Perú: 1842-1909), Lastenia Larriva de Llona (Perú: 1848-1924), Matto de Turner (Perú: 1852-1909), Adela Zamudio (Bolivia: 1854-1928), Marieta de Veintemilla (Ecuador: 1858-1907), Amalia Puga de Losada (Perú: 1866-1963), y otras. Casi todas ellas eran románticas o guardaban visos del romanticismo, aunque algunas comenzaron a entrar en el naturalismo o el modernismo.

Si las mujeres triunfaron con la pluma durante la época que va de 1860 a 1930, no tuvieron tanto éxito con ganar el voto. En el Ecuador, fue en 1924 cuando Matilde Hidalgo de Procel resultó la primera mujer empadronada en los registros. En Bolivia no les fue concedido el voto a las mujeres hasta 1938. En Colombia, no lo conquistaron hasta 1954 y en el Perú, 1955. Tardó más de un siglo de la independencia para que las mujeres conquistaran el sufragio. Las mujeres sudamericanas tendrían que recibir el voto para crear las condiciones en las que ellas pudieron componer la literatura abiertamente dirigida a la esfera pública. Entre las modernistas se recalcan Aurora Cáceres (1877-1958), Delmira Agustini (1886-1914), Alfonsina Storni (1892-1938), y el primer premio Nobel de literatura en Latinoamérica, Gabriela Mistral (1889-1957), en 1945, el único Nobel a una mujer entre los seis concedidos para la región. Posteriormente María Wiesse (1894-1964), Magda Portal (1900-1989), María Luisa Bombal (1910-1980), y Rosario Castellanos (1925-1975) hicieron grandes contribuciones a la literatura latinoamericana. Dos autoras contribuyeron a la prosa histórica latinoamericana con enfoque femenino en los tiempos de la independencia. La primera, contemporánea a Wiesse, Portal y Bombal, se halla en la escritora Raquel Verdesoto de Romo Dávila (Ecuador: 1910-1999), quien contribuyó con *Manuela Sáenz, «Biografía novelada»* en 1963. La segunda, Argentina Chiriboga (Ecuador 1940), ofreció *Jonatás y Manuela* en 1994. El nacimiento de Chiriboga en 1940 va casi paralelo con el próximo grupo, el de las grandes: Laura Riesco (1940-2008), Isabelle Allende (Chile: 1942), Gioconda Belli (Nicaragua 1948), y Laura Restrepo (Colombia: 1950), quienes representan las primeras escritoras, después de Matto de Turner con *Aves in nido*, en conquistar el mercado masivo. Ellas introdujeron la perspectiva femenina en la literatura hispanoamericana conocida fuera de Latinoamérica según un canon definido anteriormente por la generación masculina conocida con el nombre del *Boom*. Ya establecidas las mujeres como escritoras, podrían apropiarse de la ficción histórica de una forma profesional que hubiera sido imposible para sus tempranas cultivadoras femeninas, Gorriti, Acosta de Samper, y González de Fanning.

LA NOVELA HISTÓRICA Y LA INCLUSIÓN EN LA NACIÓN

El novelista peruano Miguel Gutiérrez pondera el binomio «novela histórica» y le preocupa que se suele enfatizar el segundo término, *histórica*, a detrimento del primero debido al cual «se le exige al narrador la erudición y gravedad del historiador» (2019, 26). Gutiérrez arguye que es primordial el primer término, *novela*, porque lo constituye «una ficción asumida de manera omnisciente que, aparte de utilizar como materia el pasado para su permanente exploración de la condición humana, echa mano de todos los recursos del género para entretener y cautivar al lector» (2019, 26). Gutiérrez es interesante con respecto a esta distinción porque hay mucha prescriptiva de *cómo es* o *cómo debe ser* la novela histórica, frecuentemente basada en modelos europeos o norteamericanos (Lukas 1966; Mentón 1993; Perkowskwa 2008).

Obviamente los modelos basados en la literatura europea o en la teoría norteamericana o europea pueden servir porque los letrados latinoamericanos se formaron según los ideales criollos e hispanos, que son europeizantes. Estos parámetros delimitados por Gutiérrez y los otros teóricos citados en esta introducción sirven no tanto para fortalecer la prescriptiva sino para ofrecer un marco para evaluar la prosa histórica femenina sobre los movimientos patriotas, y en particular para evaluar aquella con personajes afrodescendientes, y aún más en particular, para considerar la escrita por Teresa González de Fanning.

Doris Sommer ha postulado en su libro *Foundational Fictions* que, durante el siglo XIX, cuando las naciones latinoamericanas estaban formándose en las configuraciones que se conocen hoy día, Eros conjugaba con la política para crear algo completamente innovador. Para Sommer aquellas obras de ficciones fundacionales constituyen los grandes romances nacionales. Para Skinner, la novela histórica latinoamericana rivaliza con el romance para establecer las pautas de las naciones-Estados recientemente emancipados de España (2006, 24-25). Skinner acierta en esta argumentación, que coincide con el muy comentado análisis de Georg Lukács sobre la naturaleza de la novela histórica, parafraseado nítidamente por Miguel Hugo Maguiño Veneros: «existe una correlación fundamental entre las características de este tipo de novela (es decir la histórica) y la formación del sentimiento nacional» (2014, 24). De hecho, este género de escritura floreció durante la formación de las naciones-estados. Por ejemplo, como reconoce Enrique Anderson Imbert, la primerísima muestra de este género fue la anónima *Xicotencatl,* escrita *Jicoténcal,* en su momento de 1826, la cual acude a una crónica del siglo decimoséptimo, la de Antonio de Solís y Ribadeneyra (1952, 27). Esta no es únicamente la primera novela histórica latinoamericana, sino una de las inaugurales de cualquier género de novela y compete con la primera parte de *El periquillo sarniento*, que apareció solo una década antes, en 1816, para ese honor[23]. Skinner da noticia de que Anderson Imbert cuenta 127 novelas históricas de aquel siglo emancipatorio y observa que su lista aún no está completa (2006, 9).

La prosa de esta índole que se orienta a los tiempos de ataño atrae a los escritores durante una época de sangrientas guerras civiles porque escribir del presente puede conducir a ofensas y pleitos a sus contemporáneos. Es una preocupación que viene arrastrando desde las crónicas de Indias. En su *Historia del descubrimiento y conquista del Perú* (1555), Agustín de Zárate recela comentar los sucesos relacionados con personas vivas, «porque en recontar cosas modernas, hay peligro de hacer graves ofensas» (1555, iiii-v). La misma preocupación se expresa durante el siglo XIX, en «La emplazada», *tradición* de Ricardo Palma, quien explica: «perdóname lector, que altere nombres y

---

23 En 1816 salió *El periquillo sarniento* en tres volúmenes, pero Fernández de Lizardi no pudo publicar toda la novela debido a su crítica de la esclavitud. Luego se publicó una segunda edición «coregida [sic] y aumentada por su autor» en 1825 (parece un solo volumen). La edición definitiva «corregida y aumentada por el autor» (5 vols.) no se emitió hasta los años 1830-1831.

que no determine el lugar de la acción, pues, al hacerlo, te pondría los puntos sobre las ies, y acaso tu malicia te haría sin muchos tropezones señalar con el dedo a los descendientes de la condesa de Puntos Suspensivos...» (1964, 470-471). En *Roque Moreno,* el primer capítulo revela el mismo temor.

La narradora dice: «En la provincia de... pero, no; más vale no decir en cual; y aún conviene disfrazar los nombres de los que en esta tragedia figuran, no sea que viva algún descendiente, a fin o consanguíneo, a quien le escueza alguno de nuestros conceptos y nos arme gresca y cachetina...» (1904, 5). El pasado puede valerse, entonces, como un refugio para destilar los problemas del presente. La ficción histórica sirve una función dual: tratar los temas y actores históricos prohibidos en los tiempos anteriores y comentar los graves problemas del presente disfrazados como inconvenientes del pasado para no ofender a nadie en el presente.

Anderson Imbert en su estudio fundacional sobre este género comenta que existe una preferencia temática de los indígenas ya en contacto con «la nueva sociedad hispanoamericana» (1952, 39). El ya mencionado *Xicotencatl* es una de ellas, *Enriquillo* (1879-1882) de Manuel de Jesús Galván sobre los tainos es otra, y *Guatimozín, último emperador de México* (1846) de Gertrudis Gómez de Avellaneda sobre los mexicas, aún otra (1952, 27-30; 36-37, 42). En la enumeración de autoras cultivadoras de la novela histórica de tema americanista, Anderson Imbert menciona a varias de las destacadas: Gorriti, Gómez de Avellaneda, Acosta de Samper, Rosa Guerra, Mansilla de García, Evangelina Correa de Rincón y Priscila Heredia de Núñez (1952, 40-46). Otra se encuentra en la figura de

Amalia Puga cuya contribución *El voto* (1923) se ocupa de
la Independencia. Muchas de estas autoras cultivaron el
tema indiano o el tema colonial. La más citada por Anderson Imbert es la colombiana Soledad Acosta de Samper
quien ha escrito un gran abanico de obras. Pero no menciona obras de tema transafricano. No menciona ni *Roque
Moreno* de González de Fanning, ni «El ángel caído» de
Gorriti, aunque de esta autora, sí menciona «El tesoro de
los incas» de 1865. Curiosamente no menciona «La
quena», publicada como folletín en 1851, cuya referente
eran los españoles e incas de la tercera generación después
de la Conquista. Aun con su gran conocimiento de las novelas de esta era, tampoco se le ocurrió aludir a la relación
de los transafricanos Nay y Sinar intercalada en *María* de
Isaacs. Este es el tipo de laguna que le preocupe a Leonardo. A pesar de los avances de incluir a los indígenas a
la nación, los transafricanos no tienen la misma suerte
(2016a, 11-14).

Uno de los requisitos de la novela histórica según el
modelo establecido por Sir Walter Scott, gran cultivador
de este género, de hecho, uno de sus inventores, es la creación de personajes ficticios que operan en un contexto de
figuras conocidas históricas. Dicho de otra forma, para entender la acción de este tipo de ficción, en palabras de
Mónica Cárdenas, hay que «diferenciar entre el tiempo de
la ficción y el tiempo de la creación» (2013, 72). O más precisamente, en palabras de Anderson Imbert, «llamamos
'novelas históricas' a las que cuentan una acción ocurrida
en una época anterior a la del novelista» (1952, 26)[24]. Para
Gloria da Cunha, este tipo de expresión es constituido por
«una anécdota ficticia creada alrededor de personajes que

---

24   Ver también Menton (1993, 16).

no existieron, pero ajustados perfectamente a la realidad histórica pasada» (2004, 14). Skinner vuelve a *La novela histórica* de Georg Lukács, y de su lectura, explica que Walter Scott simboliza el apogeo de este tipo de relato porque por primera vez un autor puede «representar las luchas y emociones de sus personajes en sus contextos históricos». Es más, con Scott, las acciones individuales resultan de las fuerzas de la historia (2006, 15; trad. mía).

La base de la novela histórica según el lucido estudio de Georg Lukács se halla en el enfoque de la historicidad, el peso histórico, lo que él llama «historicismo» aún más que el análisis (1966, 18). Aunque sí hay análisis en *Roque Moreno* de González de Fanning, la densidad histórica se palpa cuando los personajes Justo, Roque, Chavelita, Mancebo y otros operan en un trasfondo histórico-político concreto: las secuelas de la Emancipación peruana, un período demarcado antes del nacimiento de su autora, quien nace en 1836. La novela histórica tiene personajes principales ficticios y en el trasfondo existen los encopetados actores de la independencia. En los primeros dos capítulos se presentan las figuras más importantes, el virrey José de la Serna e Hinojosa (1770-1832), José de San Martín (1778-1850), José de la Riva-Agüero (1779-1853), el Marqués de Torre Tagle (1779-1825), y Simón Bolívar (1783-1830). Realmente las figuras históricas no participan en la acción de la narración, pero establecen el trasfondo para explicar a veces, y no explicar otras veces, el comportamiento de los personajes principales. En ciertas instancias un personaje puede acercarse para interactuar con una figura histórica. Se presenta el personaje Mancebo, un hombre joven, ya autor de 17 asesinatos, quien planea «suplantar al presidente

General Gamarra», un caudillo emblemático (1904, 50)[25]. La referencia al General Agustín Gamarra como presidente al final de la trama indica el año de 1829, o la ventana de 1838-40. La acción de los últimos capítulos ocurre durante su presidencia. La acción ocurre después de las guerras de la independencia, pero todavía dentro del caos social generado por ella.

Y claro que, con las reglas derivadas de la literatura europea, siempre hay excepciones. En la ya mencionada *Xicotencatl*, como advierte Miguel Hugo Maguiño Veneros, son los mismos personajes históricos, Xicotencatl, el padre y Xicotencatl, el hijo, para no decir nada de Malinche y el conquistador Hernán Cortés que definen la acción de la obra (2014, 23). Pero *Xicotencatl* no respeta lo que busca el novelista Miguel Gutiérrez, que la ficción predomina sobre la historia. Otra vez *Xicotencatl* debe ser la excepción porque la mayoría de las novelas, incluyendo «El ángel caído» y *Roque Moreno*, tienen personajes ficticios que operan en un trasfondo definido por figuras históricas y coinciden con la normativa cronológica entre la autora y su materia elaborada por las criticas Skinner, da Cunha, y Cárdenas, así como los críticos Lukács y Anderson Imbert. Pero la libertadora Manuela Sáenz y Jonatás sí llegan a protagonizar la acción, como en *Manuela Sáenz* de Verdesoto y *Jonatás y Manuela* de Chiriboga. Estas obras siguen en las huellas *Xicotencatl*, porque la misma Sáenz fue protagonista de eventos en Colombia, Ecuador, y el Perú.

---

25 A veces los autores cometen errores cuando se revela una incongruencia en la narración. Mancebo, un personaje que supuestamente opera en las secuelas de las guerras de Independencia, no puede ser juzgado según las teorías del criminólogo Cesare Lombroso (1904, 50), quien vivió posteriormente, entre 1835 y 1909.

La idea de un personaje femenino en un papel protagónico se relaciona con otro aspecto de *Roque Moreno*, el cual es el ideal del «ángel del hogar» que conduce al tema de la familia. Este tema se hace céntrico en *Manuela Sáenz* de Raquel Verdesoto y *Jonatás y Manuela* de Argentina Chiriboga donde la confluencia de la historia de la familia con la de la Independencia es crucial. Es decir, la anécdota bolivariana es histórica tanto como lo fue la vida de Manuela Sáenz y la de su esclava Jonatás. Lo que hacen Verdesoto y Chiriboga es cambiar la lente por la que se divisan los sucesos de ataño. *Manuela Sáenz* y *Jonatás y Manuela* reorientan la historia, pero sus personajes principales no son ficticios como en *Amalia* de Mármol, «El ángel caído» de Gorriti, o *Roque Moreno* de González de Fanning, sino que se recuperan desde la neblina de los márgenes de la historia para protagonizar la acción, desplazando al mismo Simón Bolívar a la periferia. Lukács asocia técnicas de esta índole con la revolución francesa cuando «se derrumba el muro estamental que diferenciaba al oficial noble de sus soldados» (1966, 21). Aquí no se trata tanto de los soldados rasos, aunque «están allí», sino de estamentos aún inferiores, las mujeres y las esclavas.

¿Por qué este interés por la historia? Para Magdalena Perkowska, «la novela histórica funciona como una 'respiración artificial'»; constituye una «práctica a la vez subversiva y salvadora» porque deja al autor respirar, salvar, y «cuestionar la Verdad oficial» (2008, 38). La subversión de protagonizar a unas mujeres, en el caso de Verdesoto, es nada menos que un acto feminista, y la de protagonizar a una esclava, en el caso de Chiriboga, es nada menos que un acto decolonial. Lo que puede ser ficticio, sin embargo, son las emociones y los personajes secundarios. Hay que leer entre las líneas de la historia. Lo que más vale en estas dos narraciones es la hipótesis sobre lo que ocurrió con dos verdaderas heroínas históricas que han sido ocluidas de las grandes relaciones.

Skinner ofrece un excelente estudio sobre la novela histórica del siglo XIX. Ella explica que, para los pensadores latinoamericanos, las Guerras de la Independencia implicaron una ruptura radical con el pasado colonial, con el dominio español (2006, 113)[26]. Bajo esta modalidad, Skinner procede a estudiar a tres cultivadores de este género, el chileno Alberto Blest Gana, el argentino Vicente Fidel López y el boliviano Nataniel Aguirre. González de Fanning se aparta de este paradigma porque no hay elogio de «americanos» sino de la cultura española pintada como superior a la cultura negra, la «bárbara». Es decir que González de Fanning coincide con las ideas que Domingo Faustino Sarmiento expresa en *Facundo* (1845), emitidas esas durante la guerra civil entre unitarios y federales en la Argentina. Esas ideas representan al llamado «miedo negro», pero la escritora se dista del ensayista argentino por su hispanofilia. Sarmiento desprecia el españolismo porque, según él, ha heredo africanismo durante los siglos de contacto con el continente africano. Sarmiento, empero, aboga por la influencia anglosajona, la francesa, elementos ausentes en la novelette de González de Fanning. Para entender la conjugación de hombres y mujeres españoles y transafricanos en *Roque Moreno,* ayuda comparar esta obra con otras tres de temática parecida.

---

26   Paráfrasis y traducción del texto original.

El transafricano en 4 novelas históricas femeninas sobre la Independencia

Conviene destacar que negrismo no es negritud. Porque si esta trata la perspectiva negra desde la perspectiva negra, aquel trata la perspectiva negra desde la perspectiva criolla. Si la negritud viene de una perspectiva que le da autoridad en la materia, el negrismo nacido en el seno de criollismo, y aun del colonialismo, nunca puede ser una autoridad sobre la cultura afrolatinoamericana. Pero sí puede significar solidaridad durante el siglo XIX en la forma, verbigracia, de abolicionismo. Un ejemplo de abolicionismo se encuentra, por ejemplo, en *Peregrinaciones de una alma triste,* de Gorriti. En este relato de viajes, la protagonista Laura utiliza su herencia para ayudar a los nuevamente emancipados afroargentinos. Existen otros ejemplos de este tipo de solidaridad blanco-negro, el muy famoso *Sab* que Gómez de Avellaneda publicó en España en 1841. Los textos solidarios como *Sab* o *Peregrinaciones* son excepcionales, porque no todo era «bonito» en las colonias o en las colonias recién liberadas porque el peso del colonialismo todavía era muy fuerte.

Existen textos como la conocidísima *María* de Isaacs, la cual tiene una narración dentro de una narración, una caja china, que narra la anécdota de Nay y Sinar, desde sus días felices en Nigeria, hasta los días de Nay como esclava, y luego liberta, en Colombia. Si este texto no es solidario en el sentido de buscar la abolición de la esclavitud, es optimista porque los miembros de la familia de Efraín son bondadosos, y hasta el joven protagonista tiene relaciones amistosas con algunos de los transafricanos. Sobre todo, muestra como los esclavistas en África arruinan a las familias en Nigeria, cicatriz que llega a las Américas. En cambio, ni optimista, ni solidario es la también famosa novela *Amalia* (*1851-1855*) del argentino José Mármol. En esta obra de Mármol, igual que en el *Facundo* de su colega Sarmiento, los esclavos se pintan como espías para el régimen del gobernador dictador Juan Manuel de Rosas, una figura histórica que para los unitarios encarna la barbarie en la guerra civil que se lanza entre estos y los federales. El «miedo negro» de los unitarios en las Provincias Unidas del Sur señala un aspecto de lo que el sociológico Aníbal Quijano llama «la colonialidad del poder», organizada mediante una jerarquía de razas.

Los criollos intuitiva y/o racionalmente sabían que trataban mal a los transafricanos y por lo tanto tenían recelo de ellos. La parte intuitiva descrita por Aguirre se representa como el «primitivo instinto del miedo a los negros» (1995, 198). Es instintivo o primitivo porque ocurre sin reflexionar sobre la circunstancia posbélica. Este miedo puede considerarse parte de la mentalidad colonial y su herencia. En cuanto al colonialismo, el antropólogo cubano Fernando Ortiz describe el miedo en la sociedad colonial: «Todos convivientes, arriba o abajo, en un mismo ambiente de terror y de fuerza: terror del oprimido por el castigo, terror del opresor por la revancha; todos fuera de justicia, fuera de ajuste, fuera de sí...» (2002, 259). Es decir que la contrapartida del miedo criollo era el miedo negro, a pesar de que, como indica Ortiz, había transculturización entre los diversos grupos. En cuanto a la herencia al colonialismo, el ensayista mexicano Octavio Paz, la explica de esta forma: «El mundo colonial ha desaparecido, pero no el temor, la desconfianza y el recelo» (2001, 179). Por esto, al decir de Aguirre: «Conocer la historia de la esclavitud y su abolición es un paso importante en el combate contra los silencios del pasado y las injusticias del presente» (2005a, 34). Es este temor, esta desconfianza, y este recelo que conduce a actitudes que deben de considerarse racistas.

Como ha notado Marcel Velázquez Castro, la predominancia de la crítica sobre las autoras peruanas del siglo XIX ha concentrado en las dos grandes, Matto de Turner y Cabello de Carbonera, a detrimento de las otras (2010, 75-76). Gorriti, también es importante, pero cuya importancia parece limitarse entre los críticos peruanos a la influencia de las veladas que ella armó en Lima, marginalizando la significancia de sus obras de ficción. Entre varias otras, González de Fanning es siempre mencionada en términos de la pedagogía o la educación, pero no tanto como novelista.

Cuatro obras de prosa de índole histórica pueden servir para ilustrar el desarrollo del negrismo y el paso de este a la negritud. Una de las primeras se halla en la novelette histórica negrista «El ángel caído» (publicada en la *Revista de Lima* en 1862) de la célebre escritora argentino-peruana Juana Manuela Gorriti. Trata la historia de Andrés, un cimarrón, víctima de un amor no correspondido en Lima, enlazado también con las teorías sobre el asesinato del afamado político Bernardo de Monteagudo, quien mismo es un afrodescendiente. Son los puntos de contacto de Andrés con las criollas los que fomentan el miedo negro. Si Andrés es el protagonista (aunque se presentan otros personajes también protagónicos), sería una de las pocas veces que un afrodescendiente protagoniza una obra de ficción en la literatura latinoamericana decimonónica.

El segundo texto negrista lo constituye la novelette histórica *Roque Moreno* de la educadora peruana Teresa González de Fanning, publicada en la *Revista de Derecho, Historia y Letras de Buenos Aires* en 1899 y como libro en Lima en 1904. Un hacendado se desempeña en el papel de protagonista, pero este no es criollo ni misti sino, como dice el título, un moreno. Este protagonista definido por el clima posbélico codicia el oro de un español simpático, don Justo, en una narración que pinta el miedo negro de los criollos. En este relato no se sufre un horror basado en género y raza como en «El ángel caído» sino basado mayor y sencillamente en raza.

El tercer texto negrista, *Manuela Sáenz «Biografía novelada»* de la educadora ecuatoriana Raquel Verdesoto, publicada en Quito en 1963, pertenece a la época de negritud por los años en que aparece, pero por la forma en que retratan a los afrodescendientes, y por el criollismo de la autora, todavía pertenece al período anterior, el negrismo. Esta obra como las otras se ocupa de la independencia sin olvidar el sistema esclavista. Manuela Sáenz y su esclava Jonatás son figuras sugestivas y se puede decir de las dos lo que María José Vilalta dijo de Manuela: «es preciso considerar el espacio político del momento. Manuela Sáenz vivió en plena descomposición del orden colonial» (2012, 66). Es significativo que esta obra introduzca la esclava de Manuela Sáenz como personaje.

El cuatro texto, *Jonatás y Manuela,* de la escritora afro-ecuatoriana Argentina Chiriboga, publicado en Quito en 1994 y otra vez en 2003, sí puede considerarse dentro de la negritud. Se examina lo negro desde la perspectiva negra y la autora se ve con la responsabilidad de «elevar la auto estima de los afroecuatorianos y el de sentirse orgullosos de sus ancestro[s] y reafirmar su identidad» (Chiriboga, Seales Soley & Seales Soley 1998, 64). Las dos obras ecuatorianas ofrecen la posibilidad de explorar las actividades políticas de dos mujeres, una criolla, la otra transafricana. Se trata de una «biografía novelada» y una novela histórica que pretenden rectificar, hasta cierto punto, algunos de estos silencios resultados de la laguna en la documentación al acercarse a Manuela Sáenz y su esclava llamada Jonatás[27]. La trayectoria larga de los esfuerzos de dar a los transafricanos sus lugares como integrantes de la historia y como escritores para representar esta historia, va paralelo con otra trayectoria por la cual pasan las mujeres y las autoras que las incluyen en la Ciudad Letrada.

«El ángel caído» de Juana Manuela Gorriti

En la obra completa de la destacada escritora Juana Manuela Gorriti, existen por lo menos tres momentos negristas. La segunda, la que interesa aquí, es «El ángel caído» (1862), la que explora la situación de los transafricanos durante los años caóticos de la independencia en el Perú. Antes de explorarla, hay que decir que «El ángel caído» no representa un momento negrista aislado en su ficción. Su primerísima narración, «La quena» de 1851 tiene un capítulo (el VI) sobre Francisca, una esclava que negocia (comercializa) con el oidor Ramírez para conseguir su libertad durante las primeras décadas de la independencia. En la tercera, una verdadera novela brindada cinco lustros después, *La peregrinación de una alma triste* (1876),

---

27 No se debe olvidar que también hay esfuerzos para devolver los indígenas a la historiografía y la literatura. He estudiado, por ejemplo, la recepción del Inca Garcilaso en la literatura peruana de la post-Independencia (ver Ward 2010). He ofrecido varias pautas para superar la preponderante tergiversación racial en la historiografía y en la representación literaria de los amerindios en Ward (2017).

la protagonista Laura descubre que su propio abuelo ha violado a una esclava. Después de que esta tiene un hijo, el abuelo trata de separar madre e hijo. Laura luego usa su herencia para apoyar la causa abolicionista en la Argentina[28]. Estas dos obras simbolizan un compromiso con la condición negra. «El ángel caído», en cambio, representa una postura más ambigua, compleja, y sorprendente en una escritora como Gorriti, amiga de las mujeres, los indígenas, los pobres, y los negros.

Como esta novelette, publicada por primera vez en la prestigiosa *Revista de Lima* y luego incluida en el segundo tomo de *Sueños y realidades,* aparecida en Buenos Aires en 1865, no se encuentra en las grandes librerías de Lima hoy día, una sinopsis condensada de la trama será útil para aquellos lectores que no estén familiarizados con ella. La historia se desarrolla durante el período bolivariano de Perú. Se abre con una escena que transcurre en un baile elegante. Cada mujer de la sociedad tiene su propia esclava negra. Una de ellas, Rita, se sorprende al encontrar allí a su hermano cimarrón, Andrés. Se ha disfrazado y ha entrado en el baile. Puede ser que esté allí en busca de una de las damas criollas de quien se haya enamorado. Claro, la chica no puede imaginar un enamorado con orígenes en África, y lo rechaza. Lo que busca Andrés es ser amado.

Andrés comienza la parte de su vida que ocurre fuera de la ley con el horrendo asesinato del esposo de una condesa, un acto cometido porque no puede estar con ella, la mujer que ama. Más tarde, la condesa envejece y él comienza a sentir un profundo afecto por otras damas de la sociedad, especialmente Manuela y Carmen. Sin embargo,

---

28   Navascués menciona el aspecto negrista de *Peregrinaciones* y de otro relato, *El pozo de Yocci* (2011, 158-59).

la convención social prohíbe una relación con ellas también. Dado que la injusticia continúa, la historia se repetirá. Después de ser rechazado por Manuela, se siente obligado a ahogarla (1862a, 6: 30). Con la esperanza de estar con Carmen, decide eliminar la competencia asesinando a Pedro González, su primer novio (1862a, 5: 749), y luego a una de las dos amenazas restantes, Bernardo Monteagudo (1862a, 5: 980). Es sugestivo lo que Gorriti hace con este Monteagudo, una figura histórica, que llegó a ser ministro de Guerra y Marina y, posteriormente, de Gobierno y Relaciones Exteriores de San Martín, durante el primer gobierno independiente del Perú. Después de un exilio, regresó al Perú tras el avance de Bolívar. En 1824, el año en que ocurre esta historia, fue asesinado, un acto supuestamente financiado por un español que había sufrido anteriormente bajo el duro trato de los peninsulares por parte del ministro (véase Markham 1968, 250-51; Anna 1979, 206-9). Un colega contemporáneo de Gorriti, Ricardo Palma, considera muchas teorías conflictivas sobre el asesinato de Monteagudo, pero no considera la posibilidad de una razón social (no político), aunque confirma que el agresor era un hombre negro. Palma incluso le asigna un nombre al asesino, Candelario Espinoza, quien fue acusado del crimen. En la novelette de Gorriti, esta figura hace su aparición como cómplice de Andrés, quien escapa de la justicia (Candelario y otro compadre suyo fueron procesados). Palma sostiene que Candelario fue un sicario asalariado en una conspiración de asesinato político (Palma 1883). Gorriti, al tener a Monteagudo asesinado por fugitivos en un crimen pasional como respuesta a la injusticia de la esclavitud, arroja una luz completamente diferente sobre el evento histórico. Lo que se ha considerado un acto político ahora se revela a tener una causa social.

La acción restante ocurre porque el personaje Andrés no puede perdonar. Esto lo diferencia del salteador protagónico en otro relato de Gorriti, «Gubi Amaya», cuyo personaje principal sí puede (1862b, 387) y del Sab espiritual de la novela homónima de Gómez de Avellaneda. Prometiendo hacer esclavas de todas las jóvenes bellezas blancas, Andrés fantasea con secuestrar a cada una por tres noches y llevarlas a una antigua cámara debajo de la huaca Pachacamac, ubicada en la ruta entre Lima y Chorrillos. Sin embargo, no encontrará este «placer» satisfactorio, ya que, sobre todo, desea a Carmen, a quien quiere que venga por su propia voluntad (1862a, 5: 791). Cuando ella no lo hace, el salteador, frustrado con un amor no correspondido, se la lleva contra su voluntad durante tres días, dejándola como un bulto pálido y desaliñado. Al último aparece llamando a la puerta de un convento del que nunca saldrá (1862a, 6: 27). Ella se retira permanentemente de la sociedad y él, tres veces retirado de la sociedad: por el rechazo de damas por la línea de color, por la reclusión religiosa de Carmen, y por el encarcelamiento y muerte final de él.

Gorriti introduce rápidamente la cuestión central de la narrativa. Si bien es cierto que todos los afrodescendientes quieren tomarse un respiro y ser libres, ¿por qué el protagonista Andrés da un paso más y adapta la vida de un merodeador (1862a, 5: 746)? La respuesta se encuentra en su incapacidad de aceptar su condición de «negro». En su artículo pionero sobre «Black Phobia and White Aesthetic» (La fobia negra y la estética blanca), Richard L. Jackson concluye que la ficción negrista tenía dos limitaciones: evitar personajes racialmente puros a favor de los mulatos más aceptables a la estética blanca que nunca conceptualizaría «lo negro» en términos de belleza. Dos novelas del siglo XIX que él menciona son *Cecilia Valdés* (primer tomo 1839, ambos tomos 1879) de Cirilo Villaverde y la ya mencionada *Sab*. Respecto al primer obstáculo para la representación objetiva, los protagonistas de ambos son mulatos, una mujer en el caso del primero y un hombre en el segundo, y, por lo tanto, los dos habrían sido más agradables para el público criollo que un africano de sangre pura. Respecto al segundo obstáculo, más allá de los problemas superficiales (la madre de Sab era hermosa, «a pesar de su color»), la ficción negrista solo permitía que un personaje negro se retrate como dócil, sereno y resignado a su destino, incapaz de incurrir en la rebeldía (1975, 467). Por supuesto, esta descripción se ajusta perfectamente a Cecilia y especialmente a Sab, ella conciliada con su destino, y él arrastrado por las acciones de otros.

«El ángel caído», obra no ortodoxa de Gorriti, supera ambos estereotipos latinoamericanos que Jackson critica. Este relato presenta a un protagonista que no es ni mulato ni atractivo para un público blanco. No responde a una «estética blanca» ni es pasivo. Es un esclavo fugitivo activo que busca lo que desea. Mientras que la autora se libera de lo que Maureen Reedy ha llamado «ideal blanco» (*whitelyness* en inglés), por otra parte, su protagonista representa un tipo de fealdad al convertirse en un asesino serial y finalmente en un violador de mujeres blancas, respondiendo con su representación al miedo criollo de los hombres «negros», cada uno de ellos violador potencial de las damas criollas. A pesar de esta deficiencia, Gorriti simpatizó con la difícil situación de los oprimidos. Ella veía su condición subordinada como un problema social, no biológico, lo que implicaba que había esperanza de resolución.

Existe la posibilidad que pintara al hombre negro de esta forma porque quería incitar a sus lectores y lectoras blancos al cambio social. Obviamente si se concede la libertad a los transafricanos ellos pueden integrarse a la sociedad criolla como ciudadanos bondadosos. Fue la exclusión de ellos que condujo a la criminalidad.

Para los esclavos y libertos que vivían en 1824, el período de formación de Gorriti, una de las mayores decepciones fue que los gritos para la libertad durante las guerras de independencia no los llevaron a la libertad anticipada (Blanchard 2002, 499-501, etc.). Dado que los hombres transafricanos estaban más cerca de la esfera pública que las transafricanas y que los primeros tenían mayor fuerza física que las segundas, los primeros tendían a rebelarse mayormente, aunque sí había mujeres rebeldes como la susodicha Rosa Conga. Llevaría unas tres décadas después de 1824 para abolir la esclavitud. Si bien Gorriti no comenta explícitamente este descontento negro, ella, como observadora perspicaz de la sociedad, sin duda, habría sido consciente de ello. Una de las grandes innovaciones de Gorriti fue investigar las culturas subalternas. Este aspecto de su trabajo es de gran peso porque, como Francine Masiello opina, «la raza frecuentemente se convirtió en un marcador social para una serie de temas en una América recientemente independiente, lo que permite la reflexión sobre la identidad y la ciudadanía» (2003, xxv; trad. mía). Y esto es precisamente lo que Gorriti hace, invita a sus lectores a contemplar aquella realidad, para reflexionar sobre la nación y la identidad.

«El ángel caído» puede haber recibido cierta influencia del *Facundo* de Sarmiento que seguramente Gorriti había leído. Los transafricanos en el Buenos Aires del tiempo de Sarmiento parecían unirse con los federales contra los unitarios en las sangrientas guerras rioplatenses que surgieron con una Independencia inconclusa. Al leer las páginas del *Facundo* emerge un miedo unitario de lo que hacen los transafricanos clandestinamente. De la lectura de Sarmiento que hace Gorriti, ella también de familia unitaria, ella deriva una conciencia del miedo criollo de los afrodescendientes.

En el ambiente colonial donde hay agudas jerarquías y violencia racial, el ímpetu para las represalias fue muy real, especialmente cuando se trata de asuntos del corazón. Alberto Flores Galindo explica cómo la esclavitud desfiguró la vida romántica y sexual, haciendo todo lo posible por desentrañar la experiencia de las esclavas (1991, 108) que fueron sometidas a violaciones repetidas por sus amos. Si bien esta forma de violencia fue tolerada por los estamentos más elevados de la sociedad, lo inverso hubiera sido aterrador, el de los hombres negros que violan a las mujeres blancas, el tema principal del relato de Gorriti. Su noción de sexualidad negro-masculina resultó del criollismo, los prejuicios de sus compañeros, la élite de la sociedad. La autora usa ese doble estándar para trasmitir completamente la complejidad general de la condición de los afrodescendientes a sus lectores criollos masculinos. Es decir, Gorriti jugaba con el miedo criollo de los negros para convencer a los hombres criollos de incluir a los negros en la sociedad. La discusión sobre Gorriti establece una base para evaluar el negrismo posterior, como, por ejemplo, el de *Roque Moreno,* de casi medio siglo después.

Roque Moreno de Teresa González de Fanning

Al partir de los conceptos duales que provienen del colonialismo (español-indio; hispano-negro; cristiano-pagano), la novelette *Roque Moreno* (1889, 1904) de Teresa González de Fanning tiende a oponer dos tipos sociales para destacar sus diferencias. El protagonista homónimo, a pesar de ser mulato, tiene más de trescientos esclavos que viven en paupérrimas condiciones (1904, 11). Se opone a este, un español peninsular, don Justo de la Vega Hermosa, quien trata tan bien a sus esclavos que «más era un patriarca que un amo. Sus esclavos sólo lo eran en el nombre, pues siempre encontraban en él la solicitud de un padre indulgente y previsor» (1904, 17). De este dualismo surge la idea que los blancos pueden tratar mejor a sus esclavos que los transafricanos. En «Nuestros indios», ensayo que Manuel González Prada escribe por casualidad en el mismo año que González de Fanning publica *Roque Moreno* en Lima, se pondera una paradoja: «Durante la esclavitud del negro, no hubo caporales más feroces que los mismos negros...» (1976, 336). Precisamente al reconocer esta paradoja, González Prada se refiere a los caporales *encastados*, «comprendiéndose en esta palabra tanto el cholo de la sierra o mestizo, como al mulato y al zambo de la costa» (1976, 336). Es sugestivo comparar en la novelette al personaje Roque Moreno, quien trata mal a sus esclavos y se describe como «sujeto de sangre híbrida» (1994, 8), y a un español «de gallarda apostura y de tipo árabe en toda su pureza» (1904, 6), obviamente un «blanco» (1904, 41), quien libera a su esclavo personal en los momentos antes de morir (1904, 38-39). La novelette verifica la tesis de González Prada la cual debía haber estado circulando durante aquellos años en que se compusieron «Nuestros indios» y *Roque Moreno*.

El simbolismo de los nombres es obvio. Roque es un «moreno» y entre los criollos del momento, siempre los morenos les daban miedo. Gran parte del argumento se concentra en él y sus esfuerzos de apoderarse del oro que pertenece a Justo. En cambio, Don Justo es el «justo», originario no de una vega cualquiera sino de una «vega hermosa». Su comportamiento es de lo más puro. Mas este simbolismo no funciona en términos absolutos. El mulato no representa el mal cien por ciento. Sufre conflictos morales, codiciando el oro en unas ocasiones sin olvidar ayudar al español en otras. El lector cometería un error serio al reducir la tesis del libro a la idea absoluta que los blancos son buenos y los negros, malos, a pesar del simbolismo de los nombres.

En este relato González de Fanning supera la idea reduccionista de que todos los españoles fueron malos y de que todos los patriotas eran nobles (véase, verbigracia, 1904, 41). La pasión política del momento negaba la posibilidad de justicia (1904, 42), limitación simbolizada por la muerte de don Justo. A pesar de su bondad, don Justo fallece en el caos de la guerra (por ser godo). Roque, a pesar de ser mulato, muere asesinado a manos de un esclavo al que había tratado mal (1904, 51-52). Al final ni el uno ni el otro termina con el oro. Ni la bondad del uno y ni la condición de ser mulato del otro los protegieron y los dos quedan muertos, la independencia se consume, y un nuevo orden político se establece.

Varios peruanos se alistaron para las filas libertadoras por el ideal de la independencia. Otros entraron en las filas por razones calculadoras y aun por intereses egoístas. Roque Moreno se había alistado en la guerra no por ideales ni morales sino por interés: «se afilió al partido de los insurgentes que creyó tenían mayores probabilidades del éxito» (1904, 15). Este personaje no es el único oportunista. «Era, pues, una época propicia en que los intrigantes, sin más ley que el lucro personal, tenían ancho campo de explotar; y el denunciar a un español o arrebatarle vida y hacienda eran acciones meritorias, y dignas de recompensa» (1904, 15-16). Claro que los españoles «quemaban… pueblos», pero lo que la autora está diciendo es que los peruanos se excedieron buscando su ventaja del caos revolucionario. Pero dentro del oportunismo hay casos en que los insurrectos forzaron el tratamiento igualitario por parte de los españoles: «por su parte los patriotas prohibían a los españoles salir a la calle con capa, so pena de destierro» (1904, 15).

Junto con trazar la cartografía de una sociedad transformándose con la independencia, en la ficción histórica frecuentemente se comenta la problemática de una sociedad heterogénea compuesta de diferentes grupos raciales, no necesariamente desde la perspectiva de 1821, sino desde la del fin del siglo. Si *Indómita,* una novelette publicada en 1904 con *Roque Moreno* puede tomarse como un estudio de una problemática criolla, el sentido del destino, *Roque Moreno* puede tomarse como un estudio de otra problemática criolla, la posición del negro en una sociedad recientemente desgarrada por la Guerra del Pacifico (1879-1883). Es decir, los arrebatos de la guerra con Chile se proyectan hacia el pasado para representar los arrebatos de la guerra con España. Por lo tanto, la reprobación de la violencia de la guerra independentista resulta ser una reprobación subrepticia de la guerra chilena.

Dentro de la sociedad compuesta por españoles, criollos, negros, indígenas, mestizos, y mulatos, parece que

González de Fanning tiene cierto desdén hacia el proceso de mestizaje. Para ella, de acuerdo con las teorías raciales de la naciente sociología, cada raza se definía por ciertas características. Es decir que cada raza podría destilarse a una esencia. Por ejemplo, cuando se habla del esclavo de don Justo, llamado Josecillo, se describe como «vigilante como un perro fiel y astuto como los de su raza» (1904, 18). Dentro de la sociedad peruana de aquella época (y de la nuestra, claro), las razas no se mantuvieron aislados, sino que se ponían en contacto y tendían a fusionarse. En palabras del crítico literario Richard Leonardo, una ideología optimista, «sostenía que cualquier otro grupo étnico-racial mestizado con lo blanco, sería avasallado por este último debido a su fuerza natural» (2016b, 118). La tendencia pesimista sostenía, otra vez en las palabras de Leonardo, «que, tarde o temprano, esa raíz africana instalada en el cuerpo del afro, tiende a regresar y desbaratar cualquier atisbo de civilización que se haya desarrollado en el afrodescendiente». Él nota que la autora de *Roque Moreno*, González de Fanning, figura en este último grupo (2016b, 118).

Pero no se debe pensar que la autora era más racista que otros de su época. La tendencia de atribuir características precisas y tal vez innatas a las distintas razas fue común durante el siglo XIX tardío. El patriota cubano José Martí, por ejemplo, se integra a este concepto en su ensayo cumbre, «Nuestra América» cuando distingue los rasgos principales entre los grupos de indígenas, africanoamericanos y campesinos, el primero «estancado», el segundo «cantando» y el tercero resistente a la ciudad (1963-1973, VI, 20). La idea de ser «estancado» viene con las ideas de las razas superiores e inferiores que tenían a los indígenas como decadentes, la de cantar por naturaleza constituye un estereotipo pegado al afrodescendiente que sabe hacer mucho más que cantar, y la del campo tiene que ver con la costumbre de ver a los indígenas como campesinos a pesar de su capacidad de construir los grandes centros urbanos históricos como Tenochtitlan, Q'umarkaj, o Qosqo. Cuando el independentista puertorriqueño Eugenio María de Hostos visitó al Perú durante la séptima década del siglo, preconizó «curar de su apatía al indígena, de su fanatismo idólatra al cholo, de su servilismo al africano, de su espíritu levantisco a los mestizos, de su indolencia sensual a los criollos...» (1939, VII, 45). Varios otros pensadores del momento partían de estos conceptos reduccionistas de raza. González de Fanning se inserta en esta tradición seudo sociológica.

Acaso el aspecto que más sobresale en el pensamiento racial de González de Fanning es el esencialismo, cuando se reduce una raza a una esencia, sin tener en cuenta la personalidad y el individualismo en cada persona. Considere esta apertura del capítulo XV:

En las expansiones del dolor se observa marcado antagonismo entre el negro y el blanco. El primero grita, gesticula, se desespera y, desahogado ya del peso que lo oprimía, se tranquiliza cual si hubiera bebido las mitológicas aguas del Leteo. Su dolor es tempestad de verano en que el cielo cargado de espesos nubarrones, se desata en lluvia torrentosa que lava las impurezas del suelo, refresca las agostadas hierbas, y luego se ostenta sereno, sonriente, luminoso, bañado por vívidos rayos del sol que cobijando a la tierra con manto de oro; la fecundiza v vivifica.
El blanco tiene un dolor sombrío, casi mudo; pero tenaz como el remordimiento; que deja huellas profundas en su alma; huellas que se exteriorizan en su cuerpo a la manera que los grandes cataclismos de la naturaleza dejan en la

corteza terrestre surcos y disgregaciones, testimonios perennes de las convulsiones subterráneas que en remotas
épocas geológicas agitaran al planeta.

El esencialismo finisecular se conjuga con el colonialismo supérstite. Aun al referirse a la época de la independencia se solía acudir al sistema colonial de clasificación
racial. En el caso de doña Chavelita, la cónyuge de Roque
Moreno, la narradora la cataloga de «cuarterona», una clasificación racial derivada de que su padre fue español (4/4
blanco), su madre fue mulata (1/2 blanca), por lo tanto, ella
«cuarterona», ¼ negra. Fíjense que su categoría no es ¾
blanca, sino ¼ negra, el significado de «cuarterona» (1904,
9). Por lo tanto, el antiguo dicho cruel se aplica: «Por más
jabón que se dé, la negra, negra es».

La voracidad de Roque Moreno se contrapone a don
Justo quien tiene el «propósito de darles [a sus onzas de
oro] benéfica inversión». Hasta lo constituía un tipo
ejemplar racial, el justo y el hermoso (según sus nombre y
apellido), a pesar de que no era blanco gótico sino «de tipo
árabe» (1904, 6). La combinación de la clasificación social
y de la naciente sociología resulta en un tipo de psicoaná-
lisis basada en la raza. Sobre el esposo de doña Chavelita,
por ejemplo, la narradora explica a los lectores que «don
Roque Moreno, sujeto de sangre híbrida… que unía al inteligente desparpajo del mulato la solapada reserva del
indio y la sanguinaria ferocidad del africano, descollando
especialmente entre sus rasgos característicos una desenfrenada avidez de dinero» (1904, 8). Es decir que, para
aquel momento histórico, el mestizaje fue algo como co-
cinar una torta con distintos ingredientes, cada uno pro-
veyendo a la creación con sus características.

Dentro de este concepto, la condición humana de

Roque Moreno se define con la mezcla de «los más rastreros vicios con las más elevadas virtudes» (1904, 8). Por otra parte, y esta la parte adelantada en el concepto de González de Fanning, sus construcciones raciales tienen que verse en un contexto con las construcciones de género. Si la autora pinta a Roque como un «arrogante» (1904, 9), pinta a doña Chavelita como, UNO: «agraciada» y DOS: de «carácter ingenuo, tierno y bondadoso» (1904, 9). Es decir que González de Fanning pudo ir más lejos en su concepto de raza cuando matizado por el concepto de género. Hasta la consciencia de género atenuaba su concepto de raza debido al empuje del ideal doméstico. La mujer mulata supera al hombre mulato en su capacidad para la civilización.

Al final de la trama surge una sublevación de varios esclavos. Su levantamiento fomenta el miedo entre los criollos. La narradora explica en qué se basa este miedo, «el plan de los conjurados era asesinar a sus respectivos amos y dirigirse a Lima, sublevando a los esclavos de las haciendas de la costa» (1904, 50). Frente al horror de la violencia negra, se destaca el ingrediente blanco de Roque Moreno porque, después de recibir múltiples puñaladas, «casi agonizante, se incorporó devotamente y principió a implorar perdón de sus crímenes y especialmente de la alevosa muerte de don Justo» (1904, 52). Un mulato resulta mejor que un negro, el mestizaje, a pesar del desdén que la autora sentía por ello, conduce al blanqueamiento social, la meta de corregir los males de la sociedad. La autora coincide con las doctrinas de Sarmiento quien en su *Facundo* propuso que los blancos de Buenos Aires civilizaran a los mestizos, negros e indígenas de la pampa argentina. En esto coincide, casi paradójicamente, con la sociología optimista que, de acuerdo con Leonardo, como queda dicho, «sostenía que cualquier

otro grupo étnico-racial mestizado con lo blanco, sería avasallado por este último debido a su fuerza natural». Mediante este proceso de blanqueamiento, la rebelión se apaga
y con la justicia se puede lograr la abolición. La narradora
supera parcialmente sus prejuicios cuando se declara en
contra de la esclavitud (1904, 52), así como había hecho el
héroe de la novelette, don Justo.

No todo en la autora es racista y el mismo momento
que ella asigna características negativas a los transafricanos, reconoce un ideal ilustrado de la humanidad. Dice
en el capítulo 3: «Y esto no es decir que en la época a que
nos referimos, no se hubiera dejado sentir ya la corriente
civilizadora, tendente a hacer ver en cada hombre cualquiera que fuera su raza, un miembro de la familia
humana, con los mismos derechos y exigencias» (1904, 11).
Hay igualdad ilustrada de oportunidad aun dentro del
esencialismo. Además de coincidir con el abolicionismo,
après la lettre, González de Fanning reconoce el dolor de
los afrodescendientes, así como reconoce el dolor para los
españoles y criollos. Una forma de ver dónde se ubica
Roque Moreno es considerarlo como un hito en una larga
trayectoria hacia un concepto igualitario, todavía no logrado, de los conceptos raciales. Ya viéndolo en una trayectoria con «El ángel caído», se puede acudir a dos obras
posteriores.

Manuela Sáenz de Raquel Verdesoto

Con su formativa obra de dos tomos, *Manuela Sáenz,
«Biografía novelada»* (1963)*,* la doctora en ciencias de la
educación Raquel Verdesoto de Romo Dávila ofrece la

vida de Manuela Sáenz desde la perspectiva de una narradora omnisciente y feminista[29]. Aunque hoy día consideramos a Manuela Sáenz ecuatoriana, en aquel momento, no era clara si el Ecuador perteneciera a la Gran Colombia o al Perú. Este tema puede haber sido uno de los puntos difíciles en la misteriosa reunión entre Bolívar y San Martín el 26 de junio de 1824 en Guayaquil.

En *Manuela Sáenz* se representa el nacimiento natural de la héroe, la compra de su esclava Jonatás, el establecimiento juvenil de una soledad que la definirá hasta su muerte, su reclusión en el Convento de las Catalinas, sus amores clandestinos con Fausto D'Elhuyar, su matrimonio con el inglés Jaime Thorne, y los altibajos de sus relaciones con el Libertador[30]. Pero también se escenifican sus actividades libertadoras, las que nacen dentro de la psique de ella, no a causa de su amor al Libertador Bolívar, sino a causa de su amor innato a la libertad. El amor patriota nace antes de su amor a Bolívar a quien conoce posteriormente. Pero si había confusión sobre el estado del Ecuador y su relación con el Perú, Manuela también visitaba a Lima algunas veces donde era una insumisa contra su marido y contra el orden virreinal. En aquel momento, más que un concepto de estados-nación, regía un concepto de Hispanoamérica libre.

Existe una gran diferencia entre esta biografía y «El ángel caído» o *Roque Moreno*. Consiste en que, si las narraciones decimonónicas respetaban la norma de la novela histórica de tener personajes ficticios en primer plano relegando a los actores históricos a segundo plano, la «biografía novelada» de Verdesoto inserta a la actora histórica Manuela en primer plano. Así no responde a la preocupación

---

29   Esta sección fue adaptada y aumentada de Ward (2018, 6-8).

30   Fausto D'Elhuyar es el hijo (o sobrino) de los descubridores del tungsteno, Fausto y Juan José D'Elhuyar, su padre y su tío.

del novelista Gutiérrez de que la ficción predomina sobre la historia, pero también hay que reconocer que Verdesoto no puso la etiqueta «novela» sobre su obra sino la de «biografía novelada». Tiene sentido esta diferencia porque esta obra no es de ficción, propiamente hablando, sino la ficcionalización de eventos históricos de la emancipación sudamericana. Sin embargo, esta diferencia no tiene tanta importancia al dar a conocer la historia de la independencia, en el sentido amplio, y al dar a conocer la historia de Manuela, para logar una narración de la emancipación americana que toma en cuento el concepto de género.

El peregrinaje temporal, espacial y espiritual revela la intención de la autora Verdesoto de mostrar precisamente que Manuela se comprometió con los mismos ideales de la libertad independientemente de la trayectoria de Bolívar, hecho comprobado posteriormente por la historiadora Sara Chambers (2001)[31]. Esta sugerencia tiende a cambiar la versión tradicional que mantenía que la fidelidad política de la Libertadora provenía del amor al héroe, tal como Handelsman lo sugiere arriba. En esta obra se verifica a una Manuela revolucionaria, ¡antes de conocer a Bolívar en Quito! (1963, I: 89) Organiza la Liberación durante los últimos días del Virrey La Serna en Lima, aun en contra de los deseos de su marido Thorne (1963, I: 71-73). Aun cuando Bolívar no se encuentra a su lado, ella sigue fiel a la lucha revolucionaria, redactando «proclamas, explicando la situación política del momento» (1963, II: 41). Para ella, sin embargo, no debe haber sido fácil desempeñarse, porque no resultó un tiempo fácil para las mujeres. Para movilizarse, ellas «adoptan indumentaria masculina»

---

31 Chambers comprueba que las actividades políticas de Sáenz comenzaron antes de conocer al Libertador y continuaron después de la muerte del Libertador (2001, 226).

(1963, I: 59). Y Manuela no es diferente en este sentido: en un momento de 1827, se viste con el uniforme militar, entra en un cuartel en el Perú, y les da arenga a las tropas para calmarlas (1963, I: 60; II: 40). Manuela, «no se contenta con llenar su existencia con un hacinamiento de actividades caseras y rutinarias… quiere emplear su vida en algo extraordinario» (1963, I: 73). Y así lo hizo.

Existe otro aspecto en cuanto a la mujer en el quehacer revolucionario: las castas que definen las telas sociales de Latinoamérica. Manuela es criolla, y en la estratificación de la región antes de la Independencia, es castigada, pues, los peninsulares dominan todo (1963, I: 28). Después de la Emancipación, la clase criolla viene a ocupar la primera posición que sigue dominando sobre toda la heterogeneidad social. Pero esta igualmente había participado en la lucha independentista: indígenas, mestizos, negros, y mulatos estuvieron presentes. Estos pueden tomarse por los soldados rasos de Lukás, mencionados anteriormente. La autora afirma, «El Valle [de Chota] es lleno de gente de color» (1963, I: 20-21). Para todos, la vida es terrible, y ella nota como «los indios son casi como los negros, unos esclavos» (1963, II, 28). En esta narración criolla, el negrismo predomina sobre el indigenismo por las razones ya expuestas. Por ejemplo, cuando Manuela Sáenz ejerce estas actividades, la esclava Jonatás está allí para ayudarla de muchas maneras. Las normas sociales de aquel momento eran complejas y la heterogeneidad social siempre está allí palpitando en el trasfondo, pero en el seno de las familias, donde regía el ideal doméstico, la presencia transafricana tendía a sobresalir más que la indígena.

¿Cómo son las relaciones entre los diversos grupos sociales? Verdesoto, como antes Gorriti y González de

Fanning, reconoce las tensiones. Hablando de la situación en Venezuela recuerda el «florecimiento del odio entre pardos y mantuanos» (1963, I: 142). Pero el amor a Bolívar (y las diligencias emancipadoras, se supone), «ha vuelto a Manuela más humana, ha limado prejuicios de clase social, y por eso siente alegría de codearse con mulatos y negros, ennoblecidos por una casaca militar» (1963, I: 102-3). Manuela tiene curiosidad y quiere descubrir aquella heterogeneidad, y con Jonatás, «entra algunas veces, a casa de los esclavos, ya que se tortura por saber de qué manera anda el mundo» (1963, I: 40). Jonatás debe haber sido una gran fuente de información sobre la cultura transafricana. Ella va con Manuela «a todas partes» y las dos conversan sobre una variedad de temas (1963, I: 20, 35). En el nivel político, se ve a Bolívar gritando a las tropas que su misión la constituye «salvar al mundo entero de la esclavitud» (1963, I: 177). Seguro que Manuela lo escuchaba cuando daba discursos de esta índole. No obstante, hay varias referencias a los esclavos de la libertadora (nótese el plural) (1963, I: 132; II: 52, 159). Manuela no liberó a sus esclavos, y al final de su vida, hay referencia a que ya habían fallecido Jonatás y Natán, los dos que le había acompañado desde la niñez (1963, II: 176). En aquel momento solo le acompañaba «La 'Morito'»[32].

¿Quién es Jonatás? La narradora dice que «Jonatás fue comprada como una mercancía, porque como mancha original, la esclavitud fue trasplantada a América» (1963, I: 21). En pasajes así, surge la voz no de Manuela sino de la narradora quien no es nadie menos que Raquel Verdesoto quien lamenta aquella mancha en la historia. Es la

---

32 Murray explica que «la Morito» fue una de las ahijadas de Manuela, una mulata llamada Paula Orejuela, que le ayudaba en su tienda de tabaco (haciendo flores) al final de su vida (2008, 201, n.3). Parece que no fue ni esclava ni sirvienta.

autora que pinta a este personaje tan importante en la vida de Manuela. ¿Cómo imagina la escritora las características de esta figura que lleva el nombre de Jonatás? La joven esclava «es lista, holgazana, y en ocasiones con visos de mitomanía». También «es locuaz, sabe conversar con una facundia asombrosa, emplea las maneras más exóticas en la expresión, imita, pregunta y conoce de todo, aunque no haya visto» (1963, I: 21). Es capaz de contar «historias de fantásticos aparecidos» (1963, I: 23). En las fiestas, Jonatás no solo «es la encargada de servir los bocados» sino que ella observa a todos (1963, II: 60).

A diferencia de los transafricanos anónimos que figuran en los textos coloniales, la presencia de Jonatás, engendra una destacada vertiente en la expresión criolla que especifica a una mujer de afrodescendencia con nombre propio. Esta presencia hubiera sido imposible durante la colonia y no tan prevalente en los grandes movimientos literarios de Europa como el romanticismo, el realismo, el naturalismo: se trata de la negrista. Varias autoras criollas cultivaron esta tendencia en la prosa histórica enfocada en la independencia. Ya analizados son «El ángel caído» de Gorriti y *Roque Moreno* de González de Fanning dentro de esta línea que introduce la temática negra dentro de la literatura criolla sobre la independencia. Pero si *Roque Moreno* de 1904 extiende el negrismo al siglo XX, *Manuela Sáenz* lo prolonga a un momento en que ya se ha formado y desarrollado la negritud, la temática negra dentro de la literatura afrolatinoamericana. Dicho de otro modo, el negrismo va de la colonia, entra en el primer siglo de independencia, y de allí se prolonga a nuestros días evitándose extinguirse por completo. Esta larga trayectoria sugiere que, además de ser período literario, el negrismo es también una tendencia aparente en los períodos del colonialismo, del negrismo, y al lado de la naciente negritud. Pero sí hay cambios palpables en la evolución del negrismo. Si «El ángel caído» de 1861 y *Roque Moreno* de 1904 dedican tanto interés en explorar el miedo criollo de los esclavos y libertos, *Manuela Sáenz* hace desaparecer este miedo. Hay progreso en la forma de representar al transafricano, y desde luego, a la mujer.

La fortaleza de ánimo de las dos mujeres en *Manuela Sáenz* igualmente hace mucho para desmentir los conceptos patriarcales de la mujer como ente frívolo e interesado. Entonces esta narración criollista destaca el papel fuerte de una mujer, Manuela, en los procesos libertarios, apoyada en los esfuerzos de otra, Jonatás. Pero si el feminismo de la «biografía novelada» es muy desarrollado, el negrismo todavía padece de ciertas limitaciones. Por ser interpretada como perezosa, exótica en el habla, y dada a los mitos, entran algunos estereotipos en la forma de representar a Jonatás. Si Manuela es comprometida con la independencia de las Américas, Jonatás, es imitadora, y habla de lo que no sabe. A pesar de ser una narración progresista en cuanto al feminismo criollo, la forma de imaginar a la esclava es probablemente una en que el personaje histórico tendría todavía cierta dificultad en reconocerse. Si por el período en que se publicó la obra, estas caracterizaciones deben pertenecer al movimiento vanguardista de negritud, realmente se quedan con algunas actitudes y prejuicios del segundo período, el negrismo. Sin embargo, esta limitación no reduce en importancia el esfuerzo de la escritora en incluir la heterogeneidad en la narración, de superar el miedo criollo del negro, y de reconocer a las mujeres criolla y negra tanto como amigas como actores en la independencia.

Manuela Sáenz, «Biografía novelada», por su interés en la heroína, tiene que entenderse como femenina y criollista, pero que igualmente tiene elementos negristas. Estos son llamativos porque si tradicional y masculinamente se enfoca en Simón Bolívar y luego, feministamente en Manuela Sáenz, *Manuela Sáenz* también vislumbra a Jonatás, la esclava de Manuela (aportando una visión protoprogresista, negrista). A Jonatás la autora la pinta como agente de ciertas acciones libertadoras con simpatía, aunque con un negrismo estereotipado que revela todavía algunos resabios coloniales. Urge reconocer que, a despecho de simpatía por la figura de Manuela Sáenz, y por la de su esclava, esta biografía novelada no llega a representar el sujeto negro tan auténticamente como los textos de negritud contemporáneos a su aparición. La única manera de entender el problema de la autenticidad de la identidad es consultando un verdadero texto de negritud.

Jonatás y Manuela DE ARGENTINA CHIRIBOGA

Si en la «biografía novelada» *Manuela Sáenz* de Verdesoto de Romo Dávila la representación transafricana es sólo un elemento cultural entre varios, en la novela histórica *Jonatás y Manuela* (1994) de Argentina Chiriboga se traslada al plano principal del argumento[33]. Por esto, la misma autora la concibe como de «negritud» (Chiriboga, Seales Soley & Seales Soley 1998, 65). Es de esperar que esta novela, la segunda de cinco de la autora, se coloca en la categoría *négritude* porque viene tres décadas después de su antecedente y porque defiende la cultura y los derechos afrodescen-

---

33   Esta sección fue adaptada de Ward (2018, 8-12).

dientes desde la perspectiva afrodescendiente. Pero *Jonatás y Manuela* tampoco representa una brecha total con las tradiciones negristas. Al constituir una crónica de una familia de la diáspora africana, curiosamente recuerda la narración inesperadamente transafricana de Nay y Sinar intercalada en *María* de Isaacs, acaso el romance más conocido del romanticismo latinoamericano. Parece lógico que Chiriboga leyera este afamado y canónico romance sudamericano cuando estudiaba en el Colegio Nacional Cinco de Agosto in Esmeraldas, Ecuador, o en el Colegio Nacional 24 de Mayo en Quito. Las dos narraciones, la de Nay y Sinar y la de *Jonatás y Manuela* son sagas familiares, narraciones multigeneracionales que comienzan en los pueblos libres de África y terminan en los esclavistas de Sudamérica. Pero *Jonatás y Manuela* va más allá que la prosa decimonónica porque reorganiza las materias de la independencia constituyendo un nuevo documento y un proyecto descolonial. La profundidad de los personajes de *Jonatás y Manuela* podría compararse con la superficialidad de los de *Roque Moreno*, ambientada igualmente en las guerras de emancipación, en las cuales un moreno codicioso se yuxtapone a un peninsular bueno, don Justo. Muy lejos de ver favorable a los peninsulares es *Jonatás y Manuela,* que asimismo supera *Manuela Sáenz* de Verdesoto de Romo Dávila —a pesar de repetir el tema de la amistad entre las dos mujeres— porque logra trazar más fielmente a los transafricanas como personas multidimensionales de carne y hueso.

Al decir de Sara Beatriz Guardia, esta novela «ilumina y da vida a la esclava, a ese personaje escondido detrás de la historia» (2003, 1). Esta idea de dar «vida a la esclava» ilustra claramente una perspectiva descrita por N'Gom: el africano que llega a las orillas de las Américas consigue conservar elementos de su «acervo cultural» que logra «transmitir» (2008, 216). Los componentes de este «acervo» se preservaron oralmente, pero Chiriboga los recoge para luego codificarlos en la literatura. Esta obra hace vivir a los actores subalternos de la historia, mujeres y esclavas, quienes merecen conocerse al lado de Bolívar, no como subalternos sino como personas de carne y hueso. No por otra razón Handelsman ve tres tendencias en la novela, la afrocéntrica, la afrofeminista, y la democrática (2001, 108, 112). Específicamente, en *Jonatás* el mundo se presenta desde la perspectiva transafricana de la protagonista, su madre, y su abuela durante los últimos lustros de la colonia. Como sugieren Richards y Heredia, con esta tentativa «Chiriboga entrelaza dos procesos históricos, el de las luchas llevadas a cabo por los cimarrones contra los hacendados criollos y españoles, y el de las batallas libradas por el ejército de Simón Bolívar contra las fuerzas realistas» (2000, 265). Al manifestar la importancia de los esclavos en la lucha independentista, la figura de Jonatás, quien para la historia oficial es insignificante, se convierte en motor principal de eventos esenciales para comprender la independencia latinoamericana.

Jonatás y Manuela es esencialmente la narración de tres generaciones, una saga familiar como *Cien años de soledad* de Gabriel García Márquez, *Casa de los espíritus* de Isabel Allende, o *Como agua para chocolate* de Laura Esquivel. Se diferencia de las obras del colombiano, la chilena y la mexicana porque su acción se abre en la región igbo de África (en Níger) dónde la abuela Ba-Lunda vive una existencia bucólica[34]. Entonces, la saga es transafricana y transatlántica, reflejando la esclavitud desde adentro de la esclavitud.

---

34   La región igbo se hizo muy prominente en la literatura mundial con la publicación de *Things Fall Apart* (Todo se desmorona) del autor igbo China Achebe en 1958.

En el territorio igbo, Ba-Lunda lleva una vida feliz al lado de su hija Nasakó y su marido Jabí. El argumento consiste principalmente en la captura de Ba-Lunda y su hija, su viaje del Río Níger a Cádiz y de ahí a Cartagena de Indias formando uno de los ignominiosos triángulos transatlánticos de la esclavitud. Después surgen una sucesión de haciendas y amos, el abuso sufrido, la muerte eventual de Ba-Lunda, el casamiento de su hija Nasakó con Manuel Espinosa y el nacimiento de la nieta Nasakó Zansi, quien eventualmente es comprada por la familia de Manuela Sáenz para dársela a ella como esclava. Desde esta perspectiva, *Jonatás y Manuela* resulta para la biografía de Sáenz, personaje histórico, lo que es la *mise en abîme* de «Nay y Sinar» para María y Efraín, personajes ficticios de *María*. En los dos casos hay una apertura a un mundo africano oculto y difícil de percibir en la historiografía oficial. Como la caja china de Isaacs ofrece un vistazo costumbrista a este mundo soterrado que, no obstante, ejerce influencia en el medio criollo colombiano, la novela de Chiriboga abre aun más una ventana cultural en una historia que solo se había intuido en la historiografía oficialista de la Independencia.

Un elemento esencial de esta saga familiar es la transculturación que sufren estas mujeres. El antropólogo Fernando Ortiz acuña el vocablo «transculturación» en su libro *Contrapunteo cubano* para referirse a un proceso definido simultáneamente por el tomar y el perder de cultura. La transculturación provoca reacciones en ambas mujeres. Ba-Lunda se transforma en Rosa Jumandi (1994, 33), una mujer capaz de envenenar al mayordomo y al hacendado jesuita (1994, 40-47). Muere sin haber aceptado su condición de esclava. Por su parte, la hija Nasakó se transforma en Juana Carabalí, quien, a diferencia de su madre, colabora con el sistema esclavista. Ella, por ejemplo, resulta capaz de ayudar «a las autoridades en la persecución y captura de los cimarrones» (1994, 163). Como queda dicho, el cimarronaje constituye una forma de agenciar la libertad transafricana. Juana no acepta esta agencia, y no sólo goza de la vida durante el coloniaje, sino que se encuentra entre los que «aman el dinero» (1994, 163). La hija es oportunista: aprovecha de la situación de los esclavos para ganar una pequeña fortuna.

La nieta Nasakó Zansi recibe este nombre para no olvidarse de los abuelos Ba Lunda y Jabí (1994, 70), y para hacer homenaje a la herencia africana de su madre. Luego, de acuerdo con la tradición esclavista, recibe el nombre Jonatás impuesto por el mercader Sáenz. Eventualmente, se une a las actividades revolucionarias de la libertadora Manuela Sáenz. Las dos hurtan joyas para comprar armas, planean conspiraciones contra las autoridades coloniales, y en un momento, roban las campanas de la catedral de Lima para fundir el metal con el fin de producir cañones que tanto necesitaba el general Sucre.

¿Por qué la abuela y nieta resisten el coloniaje mientras Juana lo abraza? Fácil de comprender que Ba-Lunda, adulta en el momento de su captura, nunca aceptaría su condición de esclava. La nieta Jonatás se forma en un medio dominado por el espíritu revolucionario, el de Manuela Sáenz, su mejor amiga. La clave para entender a Juana se halla la experiencia de su vida. Su madre Ba-Lunda se le muere después de presenciar un suicidio grupal y ella se merca a una nueva hacienda donde «creció sin preocuparse del pasado ni de lo que le vendría con el futuro». Su única meta fue la de salir «libre de esa plantación» (1994, 69). Juana encarna el paradigma del «negro colaborador» que se vende para lograr su propia libertad[35]. Pero esta colaboración es asimismo una forma de sobrevivir en una situación terrible. Las diferencias entre las posturas sociales y políticas de las tres mujeres muestran que no todas las personas de afrodescendencia piensan igual ni tratan a la miseria de la misma forma. Es su carácter que las define, no el color de la piel. A diferencia de los típicos personajes del negrismo que suelen ser unidimensionales, estos son multidimensionales. Estas diferencias determinan el futuro de cada una de ellas, pero el ánimo libertario siempre está presente, aunque tome diversas sendas con distintos matices[36].

Existe otro cariz de la obra, inusitado y, por lo tanto, digno de comentar. Si Verdesoto escribió su «biografía novelada» sobre Sáenz para mostrar cómo fue la libertadora independientemente de Bolívar, Chiriboga desarrolla la idea de que Sáenz es producto de la influencia afroecuatoriana de Jonatás, mostrando otro aspecto de la transculturación al destruir las viejas jerarquías coloniales de raza que prescriben que la criolla debe liderar a la transafricana, que la criolla debe blanquizar a la negra. En otras palabras, usando el lenguaje acuñado por Quijano, la transculturación de Manuela hacia lo africano destruye «la colonialidad de poder» que se organiza con la clasificación de razas.

---

35 Otra muestra de esta actitud puede encontrarse en la esclava Francisca, personaje de «La quena» de Gorriti (1865a, 37-41). Francisca traiciona a su ama Rosa para recibir una bolsa de oro.

36 En 2003, Chiriboga publicó una segunda edición de *Jonatás y Manuela* en la que suprime el aspecto de Juana como una persona acomodaticia. Extirpa las partes que aluden al amor al dinero de Juana y a sus lazos con el «mundo de los negreros» (1994, 163; 2003, 170-1). Los cambios señalan un problema para la coherencia de la novela puesto que deja algunas referencias que ya no tienen sentido como cuando dice a su hija «yo me reprochaba mi conducta para contigo» (1994, 163; 2003, 172).

La influencia afroecuatoriana en Manuela se extiende hasta lo personal, como confirmada en ese decir de la narradora, que ella «aprendió el sensual caminar de la esclava» (1994, 89). En esto Chiriboga invierte la colonialidad del poder en que la escritura criolla, como observa Rosemary Geisdorfer Feal, generalmente representaban a las esclavas como «calientes» con la cadera contoneando bajo las palmeras que también mecen en el viento (Geisdorfer 1998, 24). La transculturación de Manuela también ocurre cuando ella sigue la pauta sugerida por la esclava de robar para financiar la revolución libertadora. Hasta en los amores, donde Verdesoto la tiene con D'Elhuyar, hijo de un español de la Ilustración, Chiriboga la considera con el liberto Jorge Galares (1994, 143-145). Si bien la sensualidad de Jonatás puede ser reduccionista y aun esencialista en el texto de Verdesoto, el hecho de que Manuela se transculturaliza en el de Chiriboga simboliza un paso al entender la influencia negra en la cultura criolla. Que una criolla tenga amores con un liberto puede implicar que, hasta cierto punto, se había adelantado en algo la meta de eliminar el elitismo racial criollo. Se supera el miedo negro. En fin, las acciones de Jonatás y Manuela encierran varios matices negros. La segunda mitad de la acción pone en evidencia como, «paulatinamente, [Manuela] iba separándose del mundo blanco para entrar al de la negritud, al mundo de los colores alegres, al mundo de la fantasía» (1994, 94). Leída de este modo se puede confirmar una fuerte tendencia africana que participó en la lucha de Jonatás por la independencia, en el comportamiento comprometido de Manuela, y, a causa de ellas, se intuye, en las acciones de Bolívar.

Pero no todo resulta bonito. Hay una diferencia importante en cuanto a la transculturación de blancas y negras. Si la de Manuela es un proceso pacífico, resultado de su experiencia vital y tal vez de voluntad propia, la de las transafricanas, en cambio, se deriva de una violencia cometida contra sus personas. Para dar un ejemplo entre varios, Ba-Lunda es forzada de tomar el nombre de Rosa Jumandi en la ocasión de ser violada por el mayordomo (1994, 33). Ocurre así también con la transculturación religiosa. A pesar de ser religiosos, los jesuitas, puesto que tienen doce haciendas y seis ingenios, son hacendados preocupados necesariamente con las exigencias económicas. Obligar a las esclavas al trabajo forzado es un tipo de violación de sus seres. La misma transculturación religiosa también puede ser una violencia. Cuando Nasakó «fue bautizada con el nombre de Juana Carabalí» (1994, 37), el acto constituye una clase de violación que resulta cuando los jesuitas les arrancan los dioses africanos de los corazones de las esclavas. Tal acto violento asimismo puede haber ejercido en su eventual abrazo del coloniaje.

Es preciso reconocer asimismo que una violación sexual, laboral o religiosa, a pesar de su crueldad, impulsa una nueva realidad social inevitablemente sintética. Se patentiza igualmente desde una perspectiva religiosa:

> Las esclavas escucharon los tambores, recogieron los pies, juntaron las rodillas al pecho y oraron, aglutinando rezos cristianos con ritos africanos. Tiempo atrás, habían descubierto que las oraciones enseñadas por el sacerdote tenían mucho de las traídas por ellas. (1994, 54)

Las divinidades africanas transculturadas sobreviven hasta el final de la narración que concluye cuando Sáenz conoce al Libertador. Los diferentes períodos de representación transafricana y femenina encarnan pasos correspondientes de descolonización. Ba Lunda tiene que acudir al asesinato, la rebelión, y la fuga, como la esclava histórica Rosa Conga, en la búsqueda libertaria. La nieta de Ba Lunda retoma su ideal y lucha para la independencia abriendo espacio para que Argentina Chiriboga organice esta materia de una forma afrocéntrica para sus lectores. Como un discurso polémico, entonces, *Jonatás y Manuela* exige una nueva evaluación de factores transafricanos en las luchas independentistas de las Américas. Además, la *Manuela Sáenz* de Raquel Verdesoto, muestra la perspectiva femenina y aun feminista de los grandes movimientos libertarios.

Si Verdesoto de Romo Dávila ofrece una perspectiva doble femenina (Manuela/Jonatás) que no desdeña el elemento negro (Jonatás), Chiriboga ofrece una perspectiva femenina que *es* a la vez negra. Al ingrediente de «raza» en la colonialidad del poder se debe incluir «género» (y «clase»). Considérese las palabras de la propia Chiriboga, «En el Ecuador la discriminación de raza, de género y de clase es muy profunda, pero soterrada» (Chiriboga, Seales Soley, & Seales Soley 1998, 64). Por lo tanto, hay tres empujes descoloniales, 1) dentro del criollismo (Bolívar y Sáenz), 2) dentro del concepto de género (Manuela y Jonatás), y 3) dentro del concepto de raza (Jonatás). Tales empujes son significativos porque aún persisten en nuestro tiempo rasgos de la colonialidad como la discriminación y el racismo, cuyas persistencias implican una independencia inconclusa. Se constata que la independencia de Bolivia, Colombia, Ecuador, Perú, y Venezuela, sin olvidar las multitudes que participaban, tiene tres símbolos descoloniales, Bolívar y lo que significa para la historia, Sáenz y lo que debe significar para la historia de mujeres, y ahora Jonatás y su papel reintegrado en la historia de los transafricanos.

Como se ve por esta larga trayectoria del colonialismo al negrismo hacia la negritud, *Roque Moreno* puede considerarse como un hito en el devenir literario. Fue el medio, no el fin, en el proceso de dar palanca hacia la justicia en la representación. Pero esto no hace que sea menos interesante, y aun importante, porque el esfuerzo en sí nos dice algo del trabajo de González de Fanning y del proceder literario latinoamericano

El modernismo de *Roque Moreno*

A pesar de publicarse en 1904, en pleno auge de modernismo, *Roque Moreno* no puede catalogarse como una novela modernista de la talla de *La sonata de otoño* de Ramón del Valle-Inclán, *De sobremesa* de José Asunción Silva, *La gloria de don Ramiro* de Enrique Larreta, o *La rosa muerta* de Aurora Caceres. No hay hadas, ni cultos a la belleza, ni interpretaciones nietzscheanas de la sociedad. Tampoco existen las imágenes del ensueño, las brumas y el aristocratismo. Lo que predomina en *Roque Moreno* es el negrismo, no el modernismo. Pero, como resultado del momento en que se escribe, sí asoman elementos paradigmáticos del modernismo. Entre estos figuran el culto a la riqueza, el oro, referencias a los héroes de la mitología clásica, las mujeres representadas como débiles, los sitios católicos representados como decadentes, la tecnología de la luz eléctrica, los elementos americanistas, el espiritualismo, y acaso otros.

El primer párrafo de *Roque Moreno* describe los

tiempos de la independencia como un «horizonte… teñido de ópalo y zafir» (1904, 5). La referencia a las joyas se refiere a la tradición de El Dorado, pero también proyecta el concepto modernista de la vida del intervalo de 1888-1915 al pasado, a aquellas primeras décadas del siglo XIX. Este modernismo en la novelette viene dos lustros después de *Prosas profanas* (1896) y un año antes de *Cantos de vida y esperanza* (1905) del gran poeta modernista Rubén Darío. Pese a la estética de la opulencia con la cual González de Fanning abre la narración, y pese a las alusiones mitológicas clásicas que se hacen (Adonis, Hércules, Venus, Baco, Filis, los gladiadores), la temática es histórica y nacional — una postura infrecuente para el modernismo. Pero no es inusitado; otro caso se halla en *La gloria de don Ramiro: una vida en tiempos de Felipe II*, del argentino Enrique Larreta. Parte de la acción de *La gloria de don Ramiro*, publicada sólo cuatro años después de *Roque Moreno*, en 1908, ocurre también en el Perú, durante la colonia.

Otro elemento aparece en el capítulo 9. El personaje dona Chavelita esta triste y una «temblorosa lágrima abrillantó su pupila para caer a su seno, como cae la gota de rocío en el cáliz de la rosa» (1904, 27). El rocío y el cáliz pueden tomarse como imágenes modernistas, y en la estética de esta generación las mujeres a menudo se pintan frecuentemente como débiles, pálidas y lánguidas. Dos años antes de aparecer *Roque Moreno*, Ramón del Valle-Inclán había publicado la novela *Sonata de otoño* (1902) en la que la piel del personaje Concha permanece «blanca y pálida como la luna», como si fuera «un fantasma». Ella se representa con «ojos de enferma» que arcan sobre «sonrisa de enferma» (1969, 23, 24, 45, 60). La protagonista femenina de *Roque Moreno*, «presentaba una fisonomía lánguida» y tiene «mejillas que luego tornaron a palidecer» (1904, 30). Estas descripciones indican su debilidad ante la fuerza violenta de su marido y ante el amor que siente por el personaje Don Justo.

La languidez de doña Chavelita va con la decadencia religiosa, también un elemento de *La sonata de otoño* de Valle-Inclán. En aquella novela, la iglesia y el cementerio de Brandeso van deteriorando (1969, 74). En *Roque Moreno*, se describe una «capilla, edificio de severo estilo gótico, bastante deteriorado en la época a que nos referimos» (1904, 11). El motivo de la iglesia decadente fascinaba al modernismo, y como se percibe, aparece en el abanico de recursos que utiliza la autora González de Fanning.

Otro aspecto modernista que se asoma es uno que no predomina hasta el momento de la vanguardia pero que aparece de vez en cuando en los poetas y novelistas modernistas. Este aspecto lo constituye un interés por la tecnología. En *El voto* de Amalia de Puga de Losada, una novela histórica como *Roque Moreno* sobre las contiendas de la Independencia, se lamenta que las tecnologías no se habían desarrollado durante las guerras de independencia. Ella describe el principio del siglo XIX como una época en que «las penalidades que hacían odiosos y temibles los viajes, cuando no había ferrocarriles, ni vapores, ni vehículos de ninguna índole» (1923, 34). Por su parte, González de Fanning compara la luna con la luz eléctrica. Pero la luz eléctrica no se instala hasta la época de la misma autora. El símil no ayuda para entender la época de los próceres de la independencia. La metáfora modernista invade desde el ámbito de la autora, pero hace inverosímil la representación de la época de las guerras de la Independencia, acaecidas ocho décadas antes. Ni González de Fanning ni Puga de Losada pudieron escaparse de un *mindset* modernizador vinculado con la tecnología.

Al principio del capítulo 9 hay dos elementos netamente modernistas, una hamaca y una atmósfera celestial. El primero es «la hamaca de Guayaquil» que orienta la cultura hacia la autoctonía (1904, 27). Este recurso es aparente también para José Martí cuando abraza el poncho o vincha (Martí 1963-1973, VI, 20; VII, 15). También lo es para Darío en *Prosas profanas* cuando elogia «el gran Moctezuma de la silla de oro» (1972, 11) o cuando en *Cantos de vida y esperanza* propone volver a «la América nuestra, que tenía poetas desde los viejos tiempos de Netzahualcóyotl» (1969, 41). La hamaca en *Roque Moreno* puede contextualizarse como elemento indígena como las prendas «poncho» y «vincha» de Martí o la silla de Moctezuma de Darío. La silla de oro que el bardo nicaragüense venera puede asociarse con el mito de El Dorado en la novelette de González de Fanning. El otro aspecto es el atmosférico. En Darío se destaca la espiritualidad pitagórica tan común en el modernismo. Esta tendencia se palpa en «la celeste esperanza» o «la espléndida luz que vendrá del oriente» (Darío 1969, 27, 29; Ward 1989, 364, 373-374). Estas imágenes se reproducen en el libro contemporáneo *Roque Moreno* como el «éter» y «la celeste atmósfera» (1904, 27). Estos elementos dan un sentimiento a la narración que la asocian con el modernismo, pero más exactamente la obra debe leerse como una novela histórica, asociada con la historia, o, mejor dicho, con la representación negrista de la historia. Pero sí es revelador el diálogo entre el negrismo y el modernismo que fomenta la autora demostrando que la novelette es también un producto de su ambiente intelectual y cultural.

Vida y obra de Teresa González de Fanning

Teresa González de Fanning nació en el distrito de Nepeña en el departamento de Áncash, Perú, en 1836, doce meros años después de la Independencia de este país y muere en 1918, el mismo año que desapareció el afamado ensayista y poeta Manuel González Prada y un año antes del célebre tradicionista Ricardo Palma. Su padre fue un español, el cirujano Jerónimo González, lo cual explica su hispanismo y su simpatía para el personaje español don Justo de la Vega en *Roque Moreno*. En 1859, a los 23 años, contrajo matrimonio con el Capitán de Navío Juan Fanning, quien murió en la batalla de Miraflores de 1881, destacando como la Guerra del Pacifico la afectó personalmente. A raíz de esta tragedia que la dejó desalojada, fundó el Liceo Fanning[37]. Fue una gran educadora en el Perú, hecho reconocido en el colegio fundado en 1952 que hoy día lleva su nombre en Lima. En su momento su pedagogía orientada hacia las niñas fue revolucionaria.

Su primer concepto de los afrodescendientes debe haber formado por el folklore oral de niñez. La autora era consciente de las historias orales y hasta que las menciona, por ejemplo, en el caso de uno de los personajes, don Justo, cuando dice que las pertinentes a él «circulaban entre los curiosos y los entrometidos de provincia» (1904, 7). Como se puede imaginar, la historia de los afrodescendientes siempre ha tenido su vertiente oral. Los esclavos no habían sido pasivos en Nepeña. Como queda dicho, el historiador Carlos Aguirre destaca como los afrodescendientes eran

---

[37] Algunas expertas, como Denegri (1996, 43n45), discrepan de la fecha 1836 y dan 1835 como fecha de nacimiento. Otras, como Scott (1999, 253), dudan de la fecha de su fallecimiento. También hay discrepancias sobre la fecha de boda con el capitán Fanning.

«agentes de su propia libertad». Aguirre se refería a Lima, pero igualmente había agentes liberatorios entre los afrodescendientes del valle de Nepeña. El historiador Wilfredo Kapsoli enfoca esta historia. La hacienda de Jacinto experimentó una revuelta en 1768, la de San José en 1779, y la de Motocachi en 1786 (Kapsoli 1975b, 50-75). Es seguro que estos motines se quedaban en la memoria de la gente. Luego su memoria hubiera confluido con la memoria de las rebeliones indígenas en el área, las de 1720, 1737, 1739, 1742, 1756, 1780-1783, y 1784. En 1885, cuando González de Fanning ya estaba en Lima ocurrió en Ancash la rebelión campesina bajo el mando de Atusparia (Kapsoli 1975b, 50; Alba Herrera 1985). Este es el contexto en que nace y vive González de Fanning quien pasó a vivir en Lima antes de casarse.

No se sabe muchos detalles de su vida en la capital, pero puede suponerse que no fue fácil a partir de la muerte de su esposo. Al desaparecer este, como nota Francesca Denegri, González de Fanning se insertó en un club de las escritoras contemporáneas, el de Gorriti, Cabello de Carbonera, y Matto de Turner, el de las que eran viudas (Denegri 1996, 130). Tal vez esta distinción no tiene importancia, pero sí es un dato interesante porque sin maridos y familia, estas destacadas escritoras tenían más libertad y tiempo para escribir.

A Teresa González de Fanning se le respetaba por el decoro de su conducta (Yeager 1990, 369). Durante el siglo XIX las mujeres no gozaban del derecho de asistir a escuelas, aunque las encopetadas si podían tener tutores. Este fue el caso de Gorriti y Cabello de Carbonera. Otras, como Matto de Turner, González de Fanning Larriva de Llona and Freyre de Jaimes asistían a los colegios de educanas, escuelas públicas para las niñas establecidas durante el gobierno de Andrés Santa Cruz (Yeager 1990, 368). Durante la década de 1870, las mujeres comenzaban a cuestionar los papeles de género con más fervor y de exigir el derecho de educación para las mujeres. González de Fanning era parte de este grupo y en un ensayo suyo, «Trabajo para la mujer», que Ricardo Palma leyó para ella en la séptima velada organizada por Gorriti, exigía que las mujeres tuvieran una educación que las preparaban para las vocaciones. Su tesis la pone en una línea con un ensayo de Cabello de Carbonera de 1875, «¿La mujer debe o no recibir una educación industrial?» (Skinner 2019, 643). Por su parte, González de Fanning precisamente arguye acerca de la educación femenina, «lo mismo al hombre, se la enseñe algún arte, profesión u oficio proporcionados a su sexo y posición social» (1892, 289). Obviamente en aquel contexto no pudo exigir el derecho de la mujer de trabajar en lo que le pareciera mejor como se pretende en nuestros días, y los roles de género, aunque disminuidos con su argumento, permanecieron con un tipo de división de labor. Un año después de publicar *Roque Moreno* en Lima, González de Fanning publicó *Educación femenina: colección de artículos pedagógico, morales y sociológicos* (1905), un tomo con varios ensayos destacando este interés.

González de Fanning cultivaba varios géneros literarios, pero especialmente la novelette, el artículo, y el ensayo. Colaboró en las publicaciones más selectas del Perú incluyendo *El Comercio*, *El Correo del Perú*, *El Perú Ilustrado*, *La Patria* y *El Nacional* y *La Alborada*, donde había aparecido el susodicho artículo de Cabello de Carbonera. Frecuentaba las veladas literarias de Gorriti y luego las reuniones de El Ateneo de Lima que seguramente le puso en contacto más cercano con Ricardo Palma, a quien ella alude en los últimos párrafos de *Roque Moreno*. Los ensayos educativos de González de Fanning son los que mayor difusión han tenido en nuestros días. Las novelitas *Ambición y abnegación* (1886), *Regina* (1886), *Indómita* (1904), y *Roque Moreno* (1898, 1904) han merecido mención en diversos lugares, pero fuera de un artículo de Richard Leonardo Loayza sobre la última de estas en 2016, pocos estudiosos le han dedicado el tiempo que merece la obra de la escritora. *Indómita* y otra vez *Roque Moreno,* del mismo año, son las últimas, las más largas, y las más desarrolladas que la autora publica, la primera de 36 páginas, la segunda de 55 páginas. En cuanto a la ficción, antes había publicado *Ambición y abnegación*, *Regina*, y una obra de narraciones cortas, *Luceitas* (1893), que se publicó en Madrid con un prólogo de la destacada escritora española Emilia Pardo Bazán. En 1886, *Regina* recibió el segundo premio del Ateneo de Lima después de *Sacrificio y recompensa* de Mercedes Cabello de Carbonera (Denegri 1996, 133). No debe extrañar tanto que *Regina* no recibiera el primer lugar en el concurso: tenía tan solo 25 páginas mientras, *Sacrificio y recompensa* de Cabello de Carbonera cuenta con 369 páginas por lo que recibió la medalla de oro. Por esto Manuel Zanutelli Rosas llama *Ambición y abnegación* y *Regina,* «intentos de novela» (2018, 102). Debe haber parecido raro para los miembros de Ateneo de considerar un libro de 25 páginas como «novela», lo cual no tenían que preocuparse con respecto a la de Cabello de Carbonera.

De toda forma, hay que recordar que los escritores peruanos y peruanas no tenían modelos de novela hasta el siglo XIX cuando se levantó la censura colonial. Y los modelos que tenía González de Fanning y las de su generación eran las de Gorriti, también cortísimas. Lo que vale aquí es cómo Gorriti, Cabello de Carbonera, Matto de Turner, y claro González de Fanning intentan cultivar la novela social, y en caso de González de Fanning la novela histórica como es el caso con *Roque Moreno,* que el lector tiene ahora en sus manos.

Esta edición

Roque Moreno apareció en la *Revista de Derecho, Historia y Letras* de Buenos Aires, año I, tomo III (1899), págs. 24-245; 403-510; para luego publicarse en forma de libro, *Roque Moreno, novela histórica,* Lima: Tip. de «El Lucero», Unión, 767 [Antes Baquíano, 324], 1904. Al llevar a cabo el proyecto de Gloria da Cunha de ir a los archivos para estudiar la ficción histórica femenina latinoamericana, encontramos la edición de 1904, olvidada, pero de calidad digna de recuperar. Las conclusiones de los análisis se publicaron en la edición que ella coordinó *La narrativa histórica de escritoras latinoamericanas* (Buenos Aires, 2004), pero quedó de ahí que la conciencia de que *Roque Moreno* todavía era inaccesible para los lectores de nuestra época. A partir de allí, tres estudiantes de Loyola University Maryland, ayudaron con las primeras etapas de producir este texto: Kathryn Simmons escaneó el texto de 1904, Matt McNamee leyó las primeras pruebas y efectuó la conversión del documento a HTML, y Celine McElwee hizo, con mucho ahínco, la última lectura de pruebas de aquella etapa.

Más reciente, el editor de esta nueva edición, la leyó otra vez modernizando la acentuación, siempre respetando la sintaxis peculiar del fin del siglo XIX. Por ejemplo, se guardaron los signos de acentuación de los pretéritos aun cuando forman una sola palabra con pronombres enclíticos, *hablóme,* y se agregaron en formas como *díjole*, para preservar la costumbre de González de Fanning. En algunas instancias se ha modificado la puntuación de acuerdo con los usos modernos. Se trató de armonizar una lectura afín con los usos actuales con los usos de la prosa finisecular de la autora.

Obras consultadas

Aguirre, Carlos. 1991. «Agentes de su propia emanci pación: manumisión de esclavos en Lima». *Apuntes. Revista De Ciencias Sociales* 29: 35-56. https://doi.org/https://doi.org/10.21678/apuntes.29.336

_____. 2005a. *Agentes de su propia libertad. Los esclavos de Lima y la desintegración de la esclavitud, 1821-1854*. Segunda edición. Lima: PUCP.

_____. 2005b. «Silencios y ecos: La historia y el legado de la abolición de la esclavitud en Haití y Perú». *A Contracorriente* 3.1 (otoño): 1-37.

Alba Herrera, C. Augusto. 1985. *Atusparia y la revolución campesina de 1885 en Ancash*. Lima: Ediciones Atusparia.

Anderson Imbert, Enrique.1952. «Notas sobre la novela histórica en el siglo XIX». En *La novela iberoamericana*. Ed. Arturo Torres-Rioseco. Albuquerque: University of New Mexico Press. 1-24.

Anna, Timothy. 1979. *The Fall of Royal Government in Peru*. Lincoln: University of Nebraska Press.

Avilés, Marco. (2018). «Cómo blanquear a un futbolista negro». *Choloblog*. Recuperado de https://marcoaviles.com/2018/06/02/como-blanquear-a-un-futbolista-negro/

Balderston, Daniel. 1986. «Introduction». *The Historical Novel in Latin America. A Symposium*. Ed. Daniel Balderston. Gaithersburg: Ediciones Hispamérica/Roger Thayer Stone Center for Latin American Studies, Tulane University. 9-12.

Blanchard, Peter. 2002. «The Language of Liberation: Slave Voices in the Wars of Independence». *Hispanic American Historical Review* 82.3: 499-523.

Cáceres, [Zoila] Aurora (Evangelina). 1929. *Mi vida con Enrique Gómez Carrillo*. Madrid: Renacimiento.

Cárdenas, Mónica. 2013. «Género y poder en las novelas de Mercedes Cabello de Carbonera». *Violencia social y política en la narrativa peruana*. Ed. Eduardo Huárag Álvarez. Lima: Instituto Riva-Agüero/Pontificia Universidad Católica del Perú. 71-112.

Chambers, Sara C. 2001. «Republican Friendship: Manuela Saenz Writes Women into the Nation, 1835-1856». *Hispanic American Historical Review* 81.2: 225-57.

Chiriboga, Argentina. 1994. *Jonatás y Manuela*. 1ª ed. Quito: Abrapalabra Editores.

_____. 2003. *Jonatás y Manuela*. 2ª ed. Quito: Casa de la Cultura Ecuatoriana.

_____. y La Verne M. Seales Soley y Sharon P. Seales Soley. 1998. «Entrevista con Luz Argentina Chiriboga: escritora afro-ecuatoriana». *Afro-Hispanic Review* 17.2 (Fall): 64-66.

Cieza de León, Pedro de. 1995. *Crónica del Perú: Primera parte*. Eds. Franklin Pease G. Y. and Miguel Maticorena E. 3ª ed. Lima: Pontificia Universidad Católica/Academia Nacional de la Historia.

Clayton, Lawrence. 2011. *Bartolomé de las Casas and the Conquest of the Americas*. Malden/Oxford: Wiley-Blackwell.

Código civil del Perú. 1852. Lima: Imprenta del Gobierno.

Conway, Christopher. 2003. *The Cult of Bolivar in Latin American Literature*. Gainesville: University Press of Florida, 2003.

Cornejo Salinas, Giancarlo & Juliana Martínez & Salvador Vidal-Ortiz (2018). «LGBT Studies Without LGBT Studies: Mapping Alternative Pathways in Perú and Colombia». *Journal of Homosexuality*. DOI: 10.1080/00918369.2018.1534411.

da Cunha, Gloria. 2004. «La narrativa histórica de escritoras latinoamericanas». En *La narrativa histórica de escritoras latinoamericanas*. Ed. Gloria da Cunha. Buenos Aires: Corregidor. 2004. 11-27.

Darío, Rubén. 1969. *Cantos de vida y esperanza*, Buenos Aires: Huemul.

_____. 1972. *Prosas profanas*. 7ª ed. Madrid: Colección Austral/Espasa-Calpe.

del Busto Duthurburu, José Antonio. 2001. *Breve historia de los negros del Perú*. Lima: Fondo Editorial del Congreso del Perú.

Denegri, Francesca. 1996. *El abanico y la cigarrera. La primera generación de mujeres ilustradas en el Perú*. Lima: Instituto de Estudios Peruanos/Flora Tristán.

Durand Flores, Luis. 1993. *La Independencia y la república (s. XIX)*. Tomo 5 del *Compendio Histórico del Perú*. Lima: Editorial Milla Batres.

Erauso, Catalina de. 2002. *Historia de la Monja Alférez Catalina de Erauso, escrita por ella misma*. 2ª ed. Ed. Ángel Esteban. Madrid: Cátedra.

Echeverría, Esteban. 1965. *La cautiva. El matadero*. Eds. María Hortensia Lacau & Iber H. Verdugo. 2ª ed. Buenos Aires: Editorial Kapelusz.

Flores Galindo, Alberto. 1991. *La ciudad sumergida: Aristocracia y plebe en Lima, 1760-1830*. 2ª ed. Lima: Editorial Horizonte.

Geisdorfer Feal, Rosemary. 1998. «The Legacy of BaLunda: Black Female Subjectivity in Luz Argentina Chiriboga's 'Jonatás y Manuela'». *Afro-Hispanic Review* 17.2: 24-9.

Ginn, L. H. 1991. «'Il a vu les choses de trop haut': Henri Chambige and His Literary Destiny». *Nottingham French Studies* 30.1: 23-32. doi.org/10.3366/nfs.1991.003

González Prada, Manuel. 1976. *Páginas libres* y *Horas de lucha*. Caracas: Biblioteca Ayacucho.

González de Fanning, Teresa. 1899. «Roque Moreno». *Revista de Derecho, Historia y Letras de Buenos Aires*. Año I, Tomo III: 24-245.

_____. 1904. *Roque Moreno. Novela histórica*. Lima: Tipografía de «El Lucero».

_____. 1892. «Trabajo para la mujer». En *Las veladas de Lima*. Ed. Juana Manuela Gorriti. Buenos Aires: Imprenta Europea. 286-293.

Gorriti, Juana Manuela. 1862a. «El ángel caído». *Revista de Lima* 5: 787-92, 827-32, 864-71, 899-903, 939-44, 979-86; 6: 22-32, 107-10.

_____. 1862b. «Gubi Amaya, Historia de un salador». *Revista de Lima* 6: 177-84, 221-5, 264-8, 307-11, 344-52, 380-92.

_____. 1865a. «La quena». *Sueños y realidades.* Tomo 1. Buenos Aires: Casavalle. 5-67.

_____. 1865b. «El ángel caído». *Sueños y realidades.* Tomo 2. Buenos Aires: Casavalle. 3-86.

Grillo, Rosa María. 2015. «Manuela Sáenz antes y después de Bolívar». *Cultura Latinoamericana* 21.1: 65-90.

Guaman Poma de Ayala, Felipe. 1987. *Nueva Crónica y buen gobierno.* 3 vols. Eds. John V. Murra, Rolena Adorno, and Jorge L. Urioste. Madrid: Historia 16.

Guardia, Sara Beatriz. 2003. «Las voces de Jonatás y Manuela en la novela de Argentina Chiriboga». Inédito.

_____. 2016. *Dominga, Francisca, Flora. Soy una fugitiva, una profana, una paria.* Arequipa: Editorial UNSA.

Guerra-Cunningham, Lucía. 2012. «Género y espacio: la casa en el imaginario subalterno de escritoras latinoamericana». *Revista Iberoamericana* LXXVII/241 (octubre-diciembre): 819-937.

Gutiérrez, Miguel. *Poderes secretos.* 3ª ed. Lima: Revuelta Editores, 2019.

Handelsman, Michael H. 1978. *Amazonas y artistas. Un estudio de la prosa de la mujer ecuatoriana.* 2 tomos. Guayaquil: Casa de la Cultura Ecuatoriana.

_____. 2001. *Lo afro y la plurinacionalidad: el caso ecuatoriano visto desde su literatura.* 1ª ed. en Ecuador. Quito: Ediciones Abya-Yala.

Hennes, Heather. 2010. «Gender, Sexual Desire and Manuela Sáenz in the Writings of Jean-Bap-
tiste Boussingault and Ricardo Palma».
Bulletin of Hispanic Studies 87.3: 347-364.

Hostos, Eugenio María de. 1939. *Obras completas.* 20 vols.
La Habana: Cultural, S.A.

Iturralde, Edna. 2010. *Simón era su nombre.* La Habana:
Gente Nueva.

Klarén, Peter Findell. 2000. *Peru.* New York: Oxford University Press.

Jackson, Richard L. 1975. «Black Phobia and the White
Aesthetic in Spanish American Lite-
rature». *Hispania* 58.3 (September): 467-80.

Kapsoli E. Wilfredo. 1975a. «Sublevaciones de esclavos en
el Perú. La Rosa negra del coraje». *La
Jornada* (martes, 22 de abril): 10-11.

_____. 1975b. *Sublevaciones de esclavos en el Perú
siglo XVIII.* Lima: Universidad Ricardo
Palma.

_____. 1990. *Rebeliones de esclavos en el Perú.*
Lima: Ediciones Purej. Imp.

LaGreca, Nancy. 2009. *Rewriting Womanhood: Feminism,
Subjectivity, and the Angel of the House in the
Latin American Novel, 1887-1903.* Uni-
versity Park: Pennsylvania State University.

Leefmans, Maria Eugenia. 2001. *La dama de los perros.*
Toluca: Universidad Autónoma del Estado
de México.

Lema Tucker, Linda. 2018. *Manuela Sáenz, la heroína
olvida.* Lima: Grupo Editorial Arteidea.

Leonardo, Richard. 2016a. *El cuerpo mirado. La narrativa
afroperuana en el siglo XX.* Lima: USIL
Fondo Editorial.

Leonardo Loayza, Richard. 2016b. «Representación, estereotipo, y cuerpo afrodescendiente en *Roque Moreno* de Teresa González de Fanning». *Cuadernos Literarios* 13: 113-136.

Ludwig, Emil. 1942. *Bolívar, caballero de la gloria y de la libertad*. Trad. Enrique Planchart. Buenos Aires: Losada.

Lukács, Georg. 1966. *La novela histórica*. Trad. Jasmín Reuter. México: ERA.

Lynch, John. 2006. *Simon Bolivar: A Life*. New Haven: Yale University Press.

Madariaga, Salvador de. 1952. *Bolívar*. New York: Pellegrini and Cudahy.

Maguiño Vereros, Miguel Hugo. 2014. *El inca en la ficción literaria*. Lima: Universidad San Ignacio de Loyola, 2014.

Markham, Clements R. 1968. *A History of Peru*. New York: Greenwood Press.

Martí, José. 1963-1973. *Obras completas*. 27 vols. La Habana: Editorial Nacional de Cuba.

Masiello, Francine. 2003. «Introduction». *Dreams and Realities: Selected Fiction of Juana Manuela Gorriti*. New York: Oxford University Press.

Menton, Seymour. 1993. *Latin America's New Historical Novel*. Austin: University of Texas Press, 1993.

Miguens Silvia. 2012. *La gloria eres tú. Manuela Sáenz rigurosamente confidencial*. Bogotá: Ediciones Aurora.

Miseres, Vanesa. 2016. «Modernismo puertas adentro: Género, escritura y experiencia urbana en *Mi vida con Enrique Gómez Carrillo* de Aurora Cáceres». *MLN* 131.2: *Project MUSE*, doi:10.1353/mln.2016.0019

Moody, Sarah T. 2014. «Radical Metrics and Feminist Modernism: Agustini rewrites Darío's *Prosas profanas*». *Chasqui* 43.1 (Mayo): 57-67. *JSTOR*, www.jstor.org/stable/43589602.

Mujica, Jaris, & Tuesta, Diego. 2012. «Problemas de construcción de indicadores criminológicos y situación comparada del feminicidio en el Perú». *Anthropologica* 30/30: 169-194. http://www.scielo.org.pe/scielo.php?script=sci_arttext&pid=S0254-921220120001000009&lng=es&tlng=es.

Murray, Pamela S. 2008. *For Glory and Bolívar: The Remarkable Life of Manuela Sáenz, 1797-1856.* Austin: University of Texas Press.

Navascués, Javier de. 2011. «El estereotipo invisible: imágenes del afrodescendiente en la narrativa argentina del siglo XIX». *Altré Modernité Saggi /Ensayos/Essais/Essays* (noviembre): 147-162.

N'Gom, M'Bare. 2011. «Afro-Peruvians and the Official Cultural Institutionalism: Recovering the Lost Voices». *Callaloo* 34.2 (Spring): 286-506.

_____. 2008. «'Poesía en el puerto': el lirismo chalaco de Máximo Torres Moreno». En *«Escribir la identidad». Creación cultural y negritud en el Perú.* Ed. M'Bare N'Gom. 215-239.

_____. ed. 2008. *«Escribir la identidad». Creación cultural y negritud en el Perú.* Lima: Universidad Ricardo Palma.

Ortiz, Fernando. 2002. *Contrapunteo cubano del tabaco y el azúcar*. Ed. Enrico Mario Santí. Madrid: Cátedra.

Palma, Ricardo. 1883. «Monteagudo y Sánchez Carrión, Estudio histórico». *Tradiciones* [sexta serie]. Lima: Imprenta del Universo de Carlos Prince. 77-86.

_____. 1961. *Tradiciones peruanas completas*. 4ª ed. Ed. Edith Palma. Madrid: Aguilar.

Paz, Octavio. 2001. *El laberinto de la soledad*. Ed. Enrico Mario Santí. 6ª ed. Madrid: Cátedra.

Pérez, Galo René. 1997. *Sin temores ni llantos. Vida de Manuelita Sáenz*. Quito: Banco Central del Ecuador.

Perkowska, Magdalena. 2008. *Historias híbridas. La nueva novela histórica latinoamericana (1985-2000) ante las teorías posmodernas de la historia*. Madrid/Frankfurt: Iberoamericana/Vervuert.

Puga de Losada, Amalia. 1923. *El voto*. Lima: La novela peruana, año I, N° 7 (17 de abril).

Quijano, Aníbal. 2007. «Colonialidad del poder y clasificación social». En Castro-Gómez y Grosfoguel, eds. *El giro decolonial: reflexiones para una diversidad epistémica más allá del capitalismo global*. 93-126.

Reedy, Maureen T. 1998. «Race and Racialization in a Diverse Democracy: Seeing Whiteness and Heterosexuality». Presented at the Institute «Infusing Diversity Across the Curriculum». Loyola College. Baltimore, Maryland. May 18-June 5.

Richards, Henry J. & Aída L. Heredia. 2000. «Luz Argentina Chiriboga». En *Narradoras ecuatorianas de hoy*. Eds. Adelaida López de Martínez y Gloria da Cunha-Giabbai. Río Piedras: Universidad de Puerto Rico.

Salomon, Frank. 1990. *Nightmare Victory: The Meanings of Conversion among Peruvian Indians (Hurarochirí, 1608?)*. College Park, MD: Department of Spanish and Portuguese, University of Maryland, Working Papers No. 7.

Scott, Nina M., ed. 1999. *Madres del verbo: Mothers of the Verb. Early Spanish American Women Writers. A Bilingual Anthology*. Albuquerque: University of New Mexico Press.

Skinner, Lee Joan. 2006. *History Lessons: Refiguring the Nineteenth-Century Historical Novel in Spanish America*. Newark: Juan de la Cuesta.

_____. 2019. «Ambivalence and Representations of Women's Work in Nineteenth-Century Spanish American Writing, 1861–1896». *Latin American Research Review* 54.3: 637–650. DOI: http://doi.org/10.25222/larr.149

Tauzin-Castellanos, Isabelle. 1995. «La narrativa femenina en el Perú antes de la Guerra del Pacífico». *Revista de Crítica Literaria Latinoamericana*. Año 21, N° 42 (2do semestre): 161-187.

Tendencias LR. 2018. «Arremeten contra 'En boca de todos' por nota racista sobre la selección». *La República* (1 de junio): (s/p). Recuperado de https://larepublica.pe/espectaculos/1253230-facebook-boca-critica-seleccion-peruana-fisico-america-television

Ugarte Chamorro, Miguel Ángel. 1997. *Vocabulario de peruanismos*. Lima: Universidad Nacional Mayor de San Marcos.

Valle-Inclán, Ramón del. 1969. *Sonata de otoño*. Madrid: Espasa Calpe.

Vargas Llosa, Mario. 1977. *La tía Julia y el escribidor*. Barcelona: Seix Barral, 1977.

Velázquez Castro, Marcel. 2010. «Los orígenes de la novela en el Perú: paratextos y recepción crítica (1828-1879)». *Iberoamericana Nueva época* 10/37 (marzo): 75-101.

_____. 2016. «Periodización de la literatura afrohispanoamericana: retóricas de la (auto) representación, y figuras de autor y lector». *Letras* 87/126: 68-83.

Verdesoto de Romo Dávila, Raquel. 1963. *Manuela Sáenz, «Biografía Novelada»*. 2 tomos. Quito: Casa de la Cultura Ecuatoriana.

Vilalta, María José. 2012. «Historia de las mujeres y memoria histórica: Manuela Sáenz interpela a Simón Bolívar (1822-1830)». *European Review of Latin American and Caribbean Studies* 93 (October): 61-78.

von Hagen, Víctor W. in collaboration with Christine von Hagen. 1952. *The Four Seasons of Manuela, a Biography; the Love Story of Manuela Sáenz and Simón Bolívar*. NY: Duell, Sloan and Pearce; Boston: Little, Brown.

Walker, Charles. F. 2014. *The Tupac Amaru Rebellion*. Cambridge: The Belknap Press of Harvard University Press.

Ward, Thomas. 1989. «El pensamiento religioso de Rubén

Darío: Un estudio de *Prosas profanas* y *Cantos de vida y esperanza*». *Revista Iberoamericana* 55 (enero-junio): 363-375.

_____. 2004. «Perú y Ecuador». *La narrativa histórica de escritoras latinoamericanas*. Ed. Gloria da Cunha. Buenos Aires: Ediciones Corregidor. 271-305.

_____. 2006. «Gertrudis Gómez de Avellaneda's *Sab*: A Cuban Novel in a Latin American Context». *Changing Currents: Trans-national Caribbean Literary and Cultural Criticism*. Eds. Emily Allen Williams and Melvin B. Rahming. Trenton, NJ: Africa World Press. 93-117.

_____. 2007. «Introducción». *La rosa muerta* de Aurora Cáceres. Buenos Aires: Stockcero.

_____. 2010. «Modern Nativist Readings of Garcilaso in Peru». *Entre la pluma y la espada: El Inca Garcilaso y sus Comentarios reales*. Ed. Raquel Chang-Rodríguez. Lima: Fondo Editorial de la Pontificia Universidad Católica del Perú. 171-189.

_____. 2017. *Decolonizing Indigeneity: New Approaches to Latin American Literature*. Lanham/London: Lexington Books.

_____. 2018. «Criollismo, feminismo, y negritud en dos novelas ecuatorianas sobre la guerra independentista: Manuela Sáenz y Jonatás y Manuela». *Revista Historia de las Mujeres*. Lima, Año XX, No. 182 (octubre): 1-14.

Yeager, Gertrude M. 1990. «Women and Intellectual Life of Nineteenth-Century Lima». *Revista Interamericana de Bibliografía* 40.4: 361-393.

Zanutelli Rosas, Manuel. 2018. *Mujeres peruanas en la literatura del siglo XIX*. Lima: Fondo Editorial del Congreso del Perú.

Zárate, Agustín de. 1555. *Historia del descubrimiento y conquista del Perú*. Antwerp: Martín Nucio.

ROQUE MORENO

NOVELA HISTÓRICA

Allá en los tiempos que fueron y que no volverán a ser; cuando aún no nos obligaba el ayuno, ni presentíamos el sufrimiento, sino que el horizonte de la vida se nos presentaba teñido de ópalo y zafir[1], oímos a los ancianos de la familia el siguiente auténtico episodio, ocurrido en estas tierras que Carlos V nombró Castilla del Oro, y que pugnaba ya por ser república peruana a despecho del león de Iberia y de sus potentes garras[2].

I

En la provincia de.....pero, no; más vale no decir en cual; y aún conviene disfrazar los nombres de los que en esta tragedia figuran, no sea que viva algún descendiente, afín o consanguíneo, a quien le escueza alguno de nuestros conceptos y nos arme gresca y cachetina, que a eso y más estamos expuestas las que tenemos la malaventurada manía de echar a volar el pensamiento, lo cual nos haría malditísima la gracia, siendo como somos de temple pacífico y amujerado[3].

Por basta de preámbulos y arriesguemos el todo por el todo. Don Justo de la Vega Hermosa era un caballero español avecindado en el Perú y dueño de la hacienda de San Honorio, que había comprado a buen precio, y en la que

---

1   El ópalo y el zafiro son símbolos modernistas.

2   Antes de aquella época el Perú sufrió del colonialismo transatlántico establecido por el Emperador, Carlos I de España y V de Alemania, el que ascendió al trono de España en 1517 y murió en 1558. El «león de Iberia» se refiere al Escudo de España.

3   La necesidad de opacar los actores de la historia reciente fue una preocupación desde los inicios de la literatura peruana.

se había formado un apacible retiro en los agitados tiempos del virrey La Serna, último representante del monarca español en el Perú[4].

Era don Justo hombre de unos treinta años, de gallarda apostura y de tipo árabe en toda su pureza.

Tal vez por esta circunstancia y la de ser oriundo de Granada, suponían sus contemporáneos que, por la línea materna, descendía del desgraciado Boabdil, último poseedor de aquel Reino reconquistado por los Reyes Católicos[5].

Daba fuerza a esta novelesca versión cierto impenetrable misterio de que se rodeaba el de Vega Hermosa, esquivando con fría urbanidad las incursiones que en su pasado pretendían hacer los curiosos; y tanto o más que eso intrigaba a estos las cuantiosas riquezas de que disponía, pues era cosa averiguada que tenía crédito abierto e ilimitado en la Compañía de Indias que, como se sabe, monopolizaba entonces el comercio americano.

Estaba sí, plenamente comprobado que don Justo, a su varonil belleza, unía el ser valiente y pundonoroso; liberal, con cuantos de su auxilio necesitaban y creyente a macha martillo; que poseía, en fin, todas las virtudes de los antiguos caballeros españoles que tan en desuso van cayendo; como han caído ya la capa de doble cuello y el faldellín de nuestros abuelos.

Creyente dijimos, y en verdad, lo era tanto y tanto se extremaba en el cumplimiento de los deberes cristianos, que no solo desmentía plenamente la maliciosa especie de

---

4   José de la Serna e Hinojosa fue, pues, el último virrey español en el Perú, derrocado por el general Sucre en Ayacucho (1824).

5   Boabdil (1460-1527) fue el último rey de Granada, la última ciudad musulmana derrotada en la Reconquista de la Península por los Reyes Católicos, Fernando e Isabel.

la ascendencia morisca con que lo gratificaban sus contemporáneos, sino que se ponía a cubierto de toda sospecha por donde hubiera podido hincarle el diente la Santa Inquisición[6].

Decían otros que se suponían mejor informados que, próximo a casarse el señor de la Vega Hermosa con una noble sevillana, de peregrina hermosura, con toda la sal y la gracia de la tierra de María Santísima, muriósele casi repentinamente la novia; por lo que, cual otro Duque de Gandía, desengañado de las humanas grandezas, habíase venido a América a vivir en la soledad y con el propósito de emplear su inmenso caudal en cierta fundación podiosa[7] cuyo plan maduraba.

Estas y otras muchas versiones acerca de los antecedentes de don Justo circulaban entre los curiosos y entrometidos de provincia, siempre listos para otear lo que a los demás atañe.

Por su parte el de la Vega Hermosa no se ocupaba de los oficiosos y averiguadores, sino cuando se le presentaba la ocasión de prestarles algún favor de vecindad, ayudándolos con su dinero o con sus consejos.

---

6 La Inquisición, establecida en el Perú entre 1569 y 1571, enjuiciaba no sólo a herejes y clérigos díscolos sino también a conversos de origen musulmán y judío. Sobre este fenómeno se puede consultar a Teodoro Hampe Martínez, *Santo Oficio e historia colonial: Aproximaciones al tribunal de la Inquisición de Lima* (Lima: Ediciones del Congreso del Perú, 1988) e Irene Silverblatt, *Modern Inquisitions: Peru and the Colonial Origins of the Civilized World* (Durham/ London: Duke University Press, 2004). En esta última categoría de «converso» habría estado el personaje don Justo de la Vega Hermosa si hubiera vivido durante la colonia.

7 podiosa, así en el original, debe ser pordiosa, o poderosa.

II

Como ya dijimos, corrían los tiempos en que el Perú, imitando a sus hermanas de América, pugnaba por conquistar su independencia.

El virrey La Serna, tratando de concentrar las fuerzas realistas en Jauja, ocupada por Carratalá, después de vencer a los patriotas en Ataúra, dejó Lima a merced de San Martín[8] que se apresuró a ocuparla y a proclamar la Independencia, retemplando los espíritus y haciendo que brotaran héroes aun en el sexo débil y en las más humildes esferas sociales, como lo probaron doña María Bellido[9] y el chorrillano Olaya[10], cuyos nombres siempre recordará con orgullo la patria historia.

Mas si el Protector tuvo poderosos auxiliares que lo ayudaran a llevar a buen término la magna empresa o por lo menos a dejar la fruta en sazón para que la cosechara el Libertador, no fueron menores los obstáculos con que tuvo que luchar poniendo a prueba el superior temple de su grande alma[11].

La nobleza española había echado en el Perú, y especialmente en Lima, hondas raíces. La proverbial riqueza

---

8 El general José de San Martín, llamado el Protector, hizo estudios militares en España y después de volver a Sudamérica, liberó la Argentina, Chile y el Perú del poder ibérico. Proclama la independencia del Perú el 28 de julio de 1821. Declaró a favor de la libertad de los esclavos.

9 María Inés Juliana Bellido Vallejos (1755-1809), mujer patriota que conspiró en la independencia

10 José Silverio Olaya Balandra (1772-1823), pescador que perdió su lengua por no revelar lo que sabía sobre las conspiraciones de la independencia

11 El Perú fue liberado primero por el argentino José Francisco de San Martín (1778-1850), llamado el Protector, y luego, por el venezolano Simón de Bolívar (1783-1830), llamado el Libertador.

de estas regiones, su clima blando, émulo del de Andalucía y mil otras circunstancias favorables habían contribuido a que los esforzados descendientes de Pelayo[12] se encariñaran con esta tierra del Sol, que Pizarro[13] ofrendó a la Corona de Castilla.

Cierto es que muchos nobles hicieron causa común con los patriotas; pero el mayor número, aferrado a sus viejos pergaminos, se sublevaba ante la idea de perder las preeminencias heredadas de sus mayores y de ponerse al mismo nivel y tratarse al tú por tú con aquellos a quienes estaban habituados a mirar como sus inferiores. Para ello, San Martín y sus parciales sólo eran una turba de advenedizos aventureros, que cual plaga de langostas había caído sobre el Perú para chupar sus jugos.

Justificaban en cierto modo esta desventajosa opinión de las familias realistas, la necesidad de arbitrar fondos para sustentar al Ejército Libertador y el gran número de parásitos patrioteros que medraban a la sombra del gran árbol de la Libertad, cosechando sin escrúpulo sus más ricos frutos.

En este número y en primera fila, descollaba don Roque Moreno, sujeto de sangre híbrida, del cual podía decirse con justicia que, por su alcurnia, tenía los siete pelos del diablo; y, que unía al inteligente desparpajo del mulato la solapada reserva del indio y la sanguinaria ferocidad del africano, descollando especialmente entre sus rasgos característicos una desenfrenada avidez de dinero.

No es esto decir que don Roque, a la par que tan gruesos defectos, no poseyera algunas relevantes cuali-

---

12   Pelayo fundó el reino de Asturias en España (718-737) y derrotó a los moros en Covadonga en 722. Es decir, la reconquista de la península ibérica se inicia con él.

13   Francisco Pizarro (1475/8-1541) inició la conquista de Tahuantinsuyo en 1531, ejecutó a Atawallpa en 1533 y fundó la ciudad de Lima en 1535.

dades: eso sería desconocer la esencia del ser humano, en el que frecuentemente se mezclan los más rastreros vicios con las más elevadas virtudes; así como el oro puro suele confundirse con el hediondo cieno; y las plantas salutíferas con las de más corrosivo veneno.

Moreno tomó por compañera a doña Isabel Maldonado, a quien sus comprovincianos, siguiendo la populachera costumbre de desfigurar los nombres, llamaban doña Chavelita; así como a sus hijos Manuel y Telésforo nadie los conocía sino por Manonguito y Tilico.

Doña Chavelita por la rama paterna, estaba entroncada con un noble brigadier del ejército español; pero como su madre fuera una mulata de muy *crespas obligaciones y zambas correspondencias*, ella venía a resultar una donosa cuarterona, de ojos incendiarios, labios rojos, húmedos y carnosos y de lujuriosas formas, en las que dominaba la línea convexa. Su tez, de un moreno transparente, no estaba afeada por la más pequeña mancha; sin embargo, los que la conocieron en pañales aseguraban que ostentaba el *cayanazo*, marca inerrable de su origen africano.

Por lo demás, si su agraciada figura le compraba voluntades, mayores aún ganaba, por su carácter ingenuo, tierno y bondadoso, no habiendo tradición de que ella hubiera negado un servicio que pudiera hacer ni hubiera dejado una aflicción sin consolar.

Contaría quince años escasos cuando, por efecto de un borrascoso carnaval, cayó en las amorosas redes de Moreno, el más arrogante mozo del pueblo, ducho en el arte de engatusar doncellas, comprometer casadas y ser siempre el número uno en toda parranda, fiesta o bodorrio.

Juzgándolo por sus antecedentes, todos los que a este cobrizo Adonis conocían[14], dábanle seis meses como plazo

---

14 Adonis, dios masculino famoso por su gran hermosura, favorito de Afrodita

máximo a esta asociación marital; pero con general asombro se vio que ajustaba un año y que, al terminar el segundo, el indómito berrendo humillaba la cerviz al yugo matrimonial, legitimando así el nacimiento de Manonguito, un mamón regordete que se le montaba a caballo en los hombros, le decía *tata*, le baboseaba los bigotes y con sus besos y carantoñas lo obligaba a permanecer en la casa olvidando las lidias de gallos, las cabalgatas y comilonas.

Doña Chavelita, sin plan preconcebido y sin más guía que su amorosa pasión, su instinto femenil y su atrayente y discreta gracia, había logrado domeñar al *toro bravo*; como llamaban a Moreno los mozos *cruos* de su séquito. Ella comenzó la obra, y las monerías de Manonguito la completaron; de suerte que Roque Moreno se habría dejado hacer trizas, antes que permitir que tocaran un solo caballo de su mujer o de su hijo. Ella era su ángel bueno; ella la que refrenaba su carácter indómito, modificando sus tendencias sanguinarias y su sórdida codicia.

Sin saberlo, acaso, doña Chavelita había llegado a ser la Onfala de este rústico Hércules[15]; pero no por el solo placer de domeñar su ingénita altivez, sino porque toda su ambición se cifraba en conservar su amor y en hacerlo feliz; empeñándolo en que fuera bueno y compasivo; y sobre todo, fiel a su amorosa pasión, pues, celosa como una tigre africana, ¡guay! de la hembra que hubiera pretendido arrebatarle a su *moro*, como cariñosamente lo nombraba en sus íntimos coloquios. Entonces sí que, convertido el ángel en demonio, capaz habría sido de arrancar el corazón con las uñas a la pérfida que quisiera robarle el sol de su vida.

---

15   Hércules, divinidad romana, hijo de Zeus y Alcmera

III

A penas si había salido Roque de la adolescencia, cuando heredó de sus padres un gran hacendón, con extensos potreros bien cercados y sembrados principalmente de alfalfa, donde pastaban numerosos rebaños caballar y vacuno. Una tercera parte de la hacienda era de terreno montuoso, donde entre chilcos, sauces y guarangos, vivían en estado salvaje, amén de venados de ramosa cornamenta, toros descendientes de las más renombradas ganaderías españolas, cuyos antepasados habían hecho traer a gran costo los jesuitas, antiguos propietarios de la hacienda del Olivar[16].

Esta, que debía su nombre a un añoso y productivo olivar que ocupaba algunas hectáreas de terreno, tenía una casa grande y maciza, circuida por tres de sus lados por anchos corredores; con una doble escala por el frente y otra por el costado izquierdo, que conducía a la capilla, edificio de severo estilo gótico, bastante deteriorado en la época a que nos referimos y que, centinela infatigable, parecía velar el eterno sueño de los muertos que reposaban en el cementerio contiguo[17].

---

16 En 1767 los jesuitas se expulsaron del Nuevo Mundo. Según Kapsoli, «La mayor parte de las haciendas de la costa peruana pertenecían en el siglo XVIII a la Compañía de Jesús». Kapsoli precisa que 56 de las haciendas jesuitas estaban en la costa y 41, en la sierra, con un total de 97 haciendas. Wilfredo Kapsoli, *Sublevaciones de esclavos en el Perú del siglo XVII* (Lima: Universidad Ricardo Palma, 1975), págs. 11, 13. Según Klarén, después de dos siglos en el Perú, los jesuitas atraían la envidia de criollos y peninsulares. En el momento de su expulsión, el valor de las 97 propiedades llegaba de 5.7 millones de pesos. El Estado las apropió y las subastó por una fracción de su valor. Peter Findell Klaren, *Peru* (New York: Oxford University Press, 2000), pág.103. Después, mucha gente pudo comprar estas propiedades a un precio muy razonable como fue el caso de la familia de Roque Moreno.

17 El motivo de la iglesia decadente fascinaba al modernismo. Dos años antes de aparecer Roque Moreno, Valle-Inclán publicó su *Sonata de otoño* (1902)

La casa, empinada sobre una alta huaca, dominaba como dueña absoluta las novecientas fanegadas de terreno que componían el fundo[18], las diversas oficinas y dependencias y el galpón, enorme cuadrilátero de adobes, donde en pequeños y apiñados ranchos de caña, y totora se encerraban, al toque de ánimas, unos trescientos esclavos negros, forzados cultivadores de la hacienda, sin otro porvenir, las más veces, que el de terminar su vida abonando con su sudor el terruño donde habían de ser sepultados sus restos junto a los de sus padres[19]; y ¡ay! del que, altanero, ¡quisiera substraerse al rigor de su dura suerte! El rebenque del caporal, abriendo surcos sangrientos en sus desnudas espaldas, lo haría humillar la cerviz y someterse como el buey al arado, como el caballo al freno.

Y esto no es decir que en la época a que nos referimos, no se hubiera dejado sentir ya la corriente civilizadora, tendente a hacer ver en cada hombre cualquiera que fuera su raza, un miembro de la familia humana, con los mismos derechos y exigencias. La condición del esclavo en el Perú, cuando en 1855 el general Castilla lo emancipara de la servidumbre forzosa, había ganado muchos grados comparada con la de sus antepasados, los bozales importados de África, cuando en el contrato de venta se les designaba con la gráfica frase de: *alma en boca y costal de huesos...*

---

en que la iglesia y el cementerio de Brandeso van deteriorando. Ramón del Valle-Inclán, *Sonata de otoño* (Madrid: Espasa Calpe, 1969, pág. 74.

18   Una *huaca* tiene la apariencia de una colina, pero en realidad era/es un lugar sagrado en los Andes. Salomon la describe sucintamente como deidades de lugar y otros oratorios de superhumanos. Frank Salomon, *Nightmare Victory: The Meanings of Conversion among Peruvian Indians (Hurarochirí, 1608?)* (College Park, MD: Department of Spanish and Portuguese, University of Maryland, Working Papers No. 7, 1990), pág. 4. La práctica ibérica de mandar construir iglesias sobre tierra sagrada indígena era atractiva a los españoles quienes construyeron una iglesia encima del templo a Quetzalcóatl en Cholula, México, y aquí a los jesuitas que borraban el pasado «pagano» con una institución comercial, la hacienda, ¿una señal de la modernidad?

19   Kapsoli calcula que, en el momento de su expulsión, los jesuitas tenían 5, 224 esclavos en sus 97 haciendas. Kapsoli, *Sublevaciones,* págs. 13, 17.

Joven y rico Moreno, vióse luego rodeado de amigos del buen tiempo, y ellos lo ayudaron a comerse alegremente la mejor parte de la herencia de sus padres en orgías y francachelas, que le dieron nombre y autoridad entre los mozos más jaranistas de la provincia. Ninguno como él quebrantaba un caballo chúcaro, ni amartelaba a una moza de buen trapío, ni embestía con más brío a una botella del famoso Motocache. Sus dichos, sus aventuras galantes y sus hazañas hípicas corrían de boca en boca, aumentadas y comentadas como verdaderas proezas dignas de ser conservadas en los fastos de la historia de los mozos *cundas*, adeptos de Venus y de Baco[20].

Referíase con notas y floreos que, de tránsito por el Olivar, el comandante Nieto fue desafiado por Moreno a subir y bajar a galope un empinado y abrupto cerro, que había frente a la casa de la hacienda, y que el vencido costearía una *pachamanca*[21] al vencedor y los amigos que servirían de jueces y espectadores de la arriesgada apuesta. Aceptóla Nieto; fijóse el día y la hora, y, llegado el instante designado, a una señal de los jueces, ambos campeones, espoleando sus cabalgaduras, lanzáronse a galope tendido hacia la cima del cerro, y muy pronto lo coronaron, en medio de los aplausos de la multitud que, siempre ávida de emociones, había acudido a presenciar la bárbara hazaña. Pero faltaba la parte más difícil, la bajada, en la

---

20   Venus, la diosa romana del amor, equivale a la Afrodita griega, Baco, el dios del vino.

21   *Pachamanca* es una palabra compuesta del quechua que todavía se usa en la América meridional. Viene de *pacha*, tierra y *manka*, olla. Ugarte Chamorro lo describe de este modo: «Comida que generalmente se ofrece como agasajo y que consiste en abrir un gran hueco en el suelo, el que se calienta al rojo con leña y piedras que se cubren con capas de tierra, entre las que se ponen carnes aderezadas de toda especie, papas, camotes, yucas, choclos, queso fresco, plátanos, habas, etc.» Miguel Ángel Ugarte Chamorro, *Vocabulario de peruanismos* (Lima: Universidad Nacional Mayor de San Marcos, 1997), págs. 213-214.

que corrían inminente riesgo de descalabrarse. Conociólo así Nieto, y después de un momento de vacilación, díjole a su contrario: «Camarada, desisto; doime por vencido y me resigno a pagar la apuesta». Y, sin embargo, era Nieto el mismo esforzado campeón que, algunos años después, ya general de la República, batióse en singular combate, en la batalla del Portete de Tarquí con el valiente Camacaro, reputado como la primera lanza de Colombia, teniendo por espectadores a ambos ejércitos.

Moreno, sin titubear y confiando en los acerados miembros de su caballo acostumbrado a la cacería de venados, recogió un tanto las riendas al ejercitado bruto; y, en medio del sepulcral silencio de los espectadores, que ni alentaban, temerosos de presenciar una catástrofe, bajó impávido aquella eminencia, casi en el mismo espacio de tiempo que había empleado en subirla, siendo recibido entre hurras y entusiastas vítores.

En otra ocasión, al finalizar una cena borrascosa, propuso Moreno a sus compañeros de crápula, tomarse entre cuatro una botija de aguardiente, que él costearía; siendo el premio del vencedor la posesión de una Venus africana, de empinado seno y opulento caderaje, cuyos dientes menudos y blancos como la leche cuajada contrastaban con el negro charol de sus apretadas mejillas, y que respondía al nombre de Nena, cariñoso diminutivo de Magdalena[22].

Aceptaron gustosos, porque todos los mozos del

---

22   Estas apuestas pueden ser recursos sencillos que agrega González de Fanning a su novela. Sin embargo, si la novela se ve en un contexto con *Blanca Sol* de Mercedes Cabello de Carbonera, obra que seguramente González de Fanning leyó, las apuestas oponen al ideal doméstico. Superarlas implica acercarse al ideal. Una apuesta para la Venus africana en relato hace eco de la apuesta de Alcides para el personaje Blanca Sol.

pueblo se pirraban por la muchacha; sin atreverse a írsele muy de frente, temerosos de entrar en íntimas relaciones con el cuchillo lobero de Cuno, padre y feroz cancerbero de la doncella, y muy capaz de abrirle un ojal en el cuero al imprudente que osara arrebatarle su tesoro.

Fue cosa convenida que los vencidos ayudarían al vencedor y le facilitarían, con astucia o con dinero la conquista de la Filis. Ocho días después, la trastienda de una chichería servía de escenario a esta singular orgía. Sólo tres de los báquicos gladiadores se habían presentado a la palestra, el cuarto, por enfermedad, cierta o fingida, se excusó de asistir.

Llegado el momento solemne, vacióse en una *chomba*[23] casi todo el contenido de una botija del aromoso Motocache; y, armados de sendos jarros, dióse comienzo a la lucha con este brindis pronunciado por el anfitrión:

—A la salud del bravo que se gane a la Nena...

Aplaudieron los otros y los tres apuraron el contenido de los jarros, colocándolos luego plan arriba en prueba de que se había vaciado hasta la última gota del alcohólico líquido.

Siguió la lucha con ligeros intervalos de charla y canturria o excitando la sed con los bien condimentados cuyes, el cebiche y el escabeche que, inflamando con el ají las membranas bucales, hacían llorar de gusto a los que lo saboreaban; y bebían más y más zumo de vid; y fumaban puros y corbatones, lanzando columnas de espeso humo, que, mezclado con las emanaciones del aguardiente y los picantes y la respiración de diez o doce personas que presenciaban tan original duelo, formaban una atmósfera turbia, pesada y asfixiante.

Dos horas después de romperse las hostilidades, uno

---

23   *chomba*, del quechua, vasija

de los combatientes, con la cara inflamada, abotagados los ojos y mascullando con torpe lengua:

—«¡Con...migo...no pue...e...na...die...Caram...ba!..me gano...a la...Ne...na», rodó bajo la mesa. De allí lo llevaron cargado a su cama de donde no se levantó más. Igual suerte, más o menos, corrió el segundo, quedando vencedor Moreno que hizo el último disparo a la *chomba* dejándola por mitad.

No se libró, sin embargo, de unas fiebres inflamatorias, de las que solo salvó gracias a los cuidados de doña Chavelita, quien con este hecho afirmó su reinado, pasando poco después a ser la señora de Moreno, mediante la bendición y el *ego te* conyugo según el rito de la Santa Madre Iglesia.

Esta fue la última calaverada mayúscula de Roque. *Carabinero retirado* como él se llamaba, dedicóse a cuidar de sus hijos y de su hacienda, enflaquecida y anémica a causa del abandono y de las repetidas sangrías que le había dado para sostener el rango de mozo calavera rodeado de parásitos que lo adulaban y fomentaban sus vicios para mejor explotarlo[24].

Faltábanle capitales; y fuerza fue recurrir a empréstitos que con más o menos buena voluntad le hacían los vecinos.

Como recurso más eficaz y expeditivo lanzóse de lleno en la política. Maldito si a él le importaba un bledo que el Perú estuviera gobernado por un agente del monarca español o por el rey de Túnez; pero se afilió al partido de los insurgentes que creyó tenían mayores probabilidades de éxito y llegó a ser el hombre más influyente de la provincia.

Empeñados ambos bandos en los horrores de una guerra sin cuartel, no se escatimaban persecuciones ni se ahorraban inútiles crueldades.

---

24 Como Alcides con el personaje Josefina en *Blanca sol* de Cabello de Carbonera, Roque se civiliza bajo la simpática influencia de doña Chavelita.

Si los españoles quemaban los pueblos de Cangallo y Reyes y sacrificaban bárbaramente en Huamanga a doña Maria Bellido, porque no descubría el nombre del autor de una carta dirigida a un montonero pariente suyo, noticiándole el número de fuerzas con que combatían los realistas y los movimientos de su ejército, por su parte los patriotas prohibían a los españoles salir a la calle con capa, so pena de destierro; y amenazaban con la confiscación de bienes o la muerte a los que salieran después del toque de *Angelus* u ocultaran armas. Y mientras en Palacio se daba un alegre baile celebrando los triunfos obtenidos, cerca de quinientos españoles, muchos de ellos ancianos y achacosos, eran conducidos a pie al Callao, en medio de la befa del populacho; en tanto que un religioso los acompañaba rezando el rosario y exhortándolos a la paciencia. Más aún, si cabe, tuvieron que ejercitarla, cuando hacinados a bordo de la goleta «Milagro» que debía conducirlos a España, estuvieron dos días incomunicados, faltos de provisiones y oyendo el clamoreo de sus deudos que en numerosos botes rodeaban la embarcación anhelando dar el postrer adiós al padre, al hermano o al esposo, a quien acaso no volverían a ver.

Era, pues, una época propicia en que los intrigantes, sin más ley que el lucro personal, tenían ancho campo de explotar; y el denunciar a un español o arrebatarle vida y hacienda eran acciones meritorias, y dignas de recompensa.

No descuidó Moreno tan fructífera labor. Investido con el cargo de capitán de Milicias y afectando, gran celo por la noble causa de la Independencia, cuidó ante todo, de rehacer su desmoronada fortuna mediante una tenaz persecución a los *chapetones*[25], muchos de ellos honrados padres de familia que, considerando al Perú como su patria de adopción y deplorando los horrores de la guerra,

---

25 *chapetón*, natural de España

sólo anhelaban prescindir de toda lucha y continuar sus pacíficas labores, preparando así un holgado porvenir para sus hijos, nacidos en el Perú y de madres peruanas.

Entre los españoles que alentaban en el radio de acción en que funcionaba Roque Moreno, descollaba, como el enhiesto pino entre medrosos arbustos, don Justo de la Vega Hermosa, por su ingente caudal y señoril magnificencia.

Era don Justo gran peje que podía dar mucho aceite: suculento bocado al que de buena gana le hubiera hincado el diente el patriotero Moreno, si no hubiera estado defendido por una doble cota de malla que lo hacía invulnerable. Habíale hecho servicios de dinero y de influencias en más de una ocasión, cuando las altas y bajas de la guerra habían puesto en peligro al insurgente de ser colgado del primer sauce del camino real o de probar el temple de las balas españolas, como guerrillero cogido con las armas en la mano, y, como si esto no bastara, doña Chavelita, cuyo corazón agradecido no olvidaba beneficios, lo había tomado bajo su protección, diciendo en más de una vez con su más gracioso mohín y marcando el compás con el índice:

—Lo que es a don Justo, ya lo sabes Moro; no se le toca ni un cabello....ni un caballo...ni un mata de caña de San Honorio, que si mis hijitos tienen padre, después de Dios, a él se lo debemos.

Y Moreno, bajando la cabeza, torcía un cigarro, silbando un tondero o la replicaba impaciente:

—Pues, ya lo creo, parienta. Ya se sabe que don Justo está bajo el manto de la Virgen y que estas cosas no serán con él. Agregando a guisa de comentario:

—¡Y qué buenas peluconas de Carlos III y Carlos IV tendrá guardadas el godo[26]!

---

26 *pelucona*, onza de oro; Carlos III, rey de España (1759-1788), expulsó a los jesuitas en 1767 y liberalizó el comercio en América (1765-1778); Carlos IV, rey de España (1788-1808) cuyas guerras constantes con Inglaterra y Francia debilitaron el comercio colonial.

IV

Era San Honorio un valioso fundo rústico ubicado en un fértil valle del Norte de la República y próximo a un buen puerto que le facilitaba el expendio de sus productos; que, además, eran solicitados por los indígenas del interior que traían al valle papas, quinua, trigo y demás productos de las serranías, llevando de retorno sal, de las salinas próximas, chancaca, azúcar y cañazo o sea aguardiente de caña elaborado en la hacienda.

La casa era grande y pesada; con gruesas paredes; tan gruesas como acostumbraban hacerlas nuestros abuelos; de suerte que el alfeizar de las ventanas servía, en caso necesario, de improvisada cama.

Un ancho peristilo, sustentado por macizas columnas y al cual daba acceso una triple escalinata, ocupaba todo el frente del inmenso caserón, amueblado con más solidez que buen gusto, pero mostrando la abundancia tanto en lo esencial como en lo accesorio del menaje.

Dando frente a la casa y encuadrando el patio-plaza de la hacienda estaban el trapiche, la casa de paila, la casa de purga, las oficinas de destilación y otras dependencias.

Don Justo de la Vega Hermosa, rodeado de sus dependientes y criados, más era un patriarca que un amo. Sus esclavos sólo lo eran en el nombre, pues siempre encontraban en él la solicitud de un padre indulgente y previsor. Cada jefe de familia tenía su pequeña chácara que cultivaba por su cuenta y de cuyos productos disponía; y esto, lejos de perjudicar las labores generales de la hacienda, les daba mayor impulso; pues cada uno miraba los intereses del amo como propios y trabajaba con empeño, sin que el chasquido del látigo enervara su fuerza moral.

Entre los esclavos se distinguía por su adhesión al amo, el negro Josecillo; a quien don Justo compró para librarlo del grillete y de un novenario de cincuenta azotes a que un amo cruel lo tenía sentenciado por la falsa acusación del hurto de un caballo. Por sí mismo curaba don Justo las llagadas espaldas del negro; a quien compró, más que con el dinero, con esta humanitaria acción. Destinado a paje de confianza, Josecillo se habría dejado matar antes de consentir que alguien tocara un solo cabello de su amo.

Teniendo en cuenta estas circunstancias, no parecerá inverosímil el hecho de que Vega Hermosa tuviera en su propia casa un depósito consistente en 10,000 onzas de oro, con el propósito de darles benéfica inversión. Sin embargo, solo Josecillo y el caporal Pablo Cañizares tenían noticia cierta de la existencia de aquel dinero.

Josecillo, vigilante como un perro fiel y astuto como los de su raza, dióse a sospechar de los intentos de Cañizares; y después de muchos días de infructuoso espionaje, encaramado en las ramas de un copudo palto, sorprendió cierta noche el siguiente diálogo entre el caporal y un sargento de milicias patriotas del pueblo vecino.

—Confiesa, zambo, que el godo, tu amo, tiene plata; y no me estés amolando la paciencia. Bien sabes que te trae cuenta...saldrás de esclavo y...quién sabe. Con que, acabemos.

—Mi sargento, por Dios; es que mi amo es más bueno que el pan; y que, la verdad, me da pena hacerle perjuicio.

—Anda, bobo. Primeramente has de saber que no hay español que sea bueno; este será más hipócrita; y se hace el bueno porque sabe que, al menor desliz le ponen el corbatín de cáñamo. Y abarcó su cuello con ambas manos para significar la horca.

Luego, con él, por más caporal que seas, no pasarás de la esfera de un esclavo chicharrón; mientras que si le proporcionas fondos a la Patria, el General San Martín te entrega tu carta de libertad, te hace sargento y...¿quién sabe?

El mulato se rascó el occipucio, meneó la cabeza con aire indeciso; después de un momento de vacilación, dijo:

—Yo lo hiciera; pero si el adulete de Josecillo huele algo de esto, ya tengo *firmau* el pasaporte pa la tierra de los calvos.

—¿Y quién se lo va a contar, pedazo de algarrobo? De seguro no seré yo, antes le haría comer plomo a ese mojino que ya me carga con su aire pacato y su adulación a los blancos. Pero dejemos eso y vamos al grano. ¿Dónde tiene enterrada la plata el godo?... ¿Cuántos zurrones tiene? ...

—Si no está enterrada, hombre; si está ...

En ese momento se oyó, como si saliera del tronco del árbol, un suspiro lastimero, y una voz cavernosa ahulló, más que gritó:

—¡Má...cara...má...a!

Ambos interlocutores sintieron que su sangre se helaba y se les erizaban los cabellos de miedo. Cañizares cayó redondo al suelo víctima de un accidente; y el sargento, repicándose con los talones en los muslos, echó a correr, como alma de condenado, dejando interrumpida la sesión.

Era tradición muy autorizada entre los esclavos y en los lugares vecinos, que en los campos y en la casa misma de San Honorio se aparecía por las noches un terrorífico fantasma que, entre ayes lastimeros y haciendo crujir un látigo, cual si despedazara carnes vivas, lanzaba el fatídico grito de: *mácaramáa*....

De aquí que, a las doce de la noche, no había empleado ni peón de la hacienda San Honorio que no procurara estar a esa hora en el más profundo sueño y con la cabeza bajo siete colchas.

Acerca de esto corrían las más caprichosas versiones. Quien decía que era una procesión de penitentes la que recorría los terrenos de la hacienda; quien, que era un clérigo vestido con hábito talar que pugnaba por entrar a la capilla y que, al llegar a la puerta, retrocedía espantado porque se le aparecía el alma de un esclavo a quien él había asesinado, para que no descubriera el lugar en donde lo había ayudado a enterrar su dinero. Y aun cuando ninguno de los existentes podía decir que hubiera visto u oído nada que autorizara la especie, tal era el terror que su relato inspiraba, que bastó la feliz evocación de Josecillo para poner en derrota a los que un momento antes alardeaban de atreverse a tirarle los cuernos al diablo.

Josecillo, al ver que el sargento huía; y cierto de que el mulato estaba privado de sentido, bajó tranquilamente de su escondite y se dirigió a la casa, a la que penetró por una puerta excusada.

V

—Mi amo: es preciso sacar esos zurrones de plata y guardarlos en lugar seguro ...

—¿Hay algún motivo de alarma, Josecillo? dijo a su esclavo el señor de Vega Hermosa.

—Sí, mi amo; los perros han olido el venado y quieren cazarlo; contestó Josecillo.

—Y ¿qué lugar te parece a ti seguro?

—Ninguno, mi amo; dijo el negro; y, se quedó meditabundo mirándose la punta de los pies.

Después de algunos instantes de vacilación, agregó:

—Seguro no; pero al menos, menos malo me parece enterrar los zurrones en la bagacera, detrás del trapiche.

—¿Pero de qué lado viene el peligro? ¿Los insurgentes, acaso? preguntó el señor de la Vega Hermosa.

—Justamente, mi amo, dijo el negro; y refirió la escena que presenciaría la noche anterior, y terminó diciendo:

—Esta mañana, al salir la gente al trabajo, se notó la ausencia de Cañizares; y yo, como de casualidad, me dirigí con los otros caporales a buscarlo por el lado del olivar; y lo encontramos privado como un tronco, al pie del árbol donde tuvo la conferencia con el sargento Ponce. Lo trajimos en unas angarillas hasta su rancho, donde ha vuelto en su acuerdo; pero está con fiebre, y tan amedrentado que ha pedido confesión.

—Entonces, de parte de él no hay nada que temer, dijo

don Justo; pero el sargento no abandonará tan fácilmente la empresa.

—Por eso le decía a Su Merced, contestó Josecillo, que los galgos han olido el venado; y no pararán hasta cogerlo si antes no se les hace perder la pista.

—Me ocurre un medio, agregó don Justo; pero tengo que meditarlo antes de ponerlo en ejecución.

VI

En el pueblo de Buenavista, dos millas distante de la hacienda de San Honorio, en el corredor de un gran rancho de paredes curvilíneas pero con honores de cuartel, hallábanse reunidos fumando y apurando copas de aguardiente y hondos mates de chicha, una veintena de guerrilleros patriotas, de los que uno cantaba acompañándose con la vihuela una canción criolla, muy en boga a la sazón y a la que otros respondían en coro:

Patriotas, el mate
de chicha apurad;
y alegres brindemos
por la libertad...

cuando se presentó el sargento Ponce y les dijo:

—Compañeros, venga una copa que tengo la sangre helada de un sustazo que he tenido.

—¿Susto el sargento Ponce? observó el cabo Chinchilla con burlona sonrisa.

—Susto y de los buenos; contestó el aludido; el mayor que he tenido en mi vida. Y eso que, como ustedes saben, me precio de tener coraje; pero eso será cuando se trate de hombres de carne y hueso como nosotros; pero fantasmas y almas del otro mundo...eso no reza conmigo...

—¡Qué fantasmas ni qué penas! El sargento Ponce está *jalau*, dijo con sorna un viejo de bigote cano.

—Cuente, compañero, cuente como fue eso, que yo me pirro por oír historias de aparecidos y quisiera encontrarme en alguna para saber cómo es eso, agregó otro.

—¡Pues han de saber ustedes que anoche se me apareció el *Mácaramáa*! dijo Ponce con solemne acento.

—¡Quiá! ¡A otro perro con hueso, observó Chinchilla con gesto de incredulidad!

—Por esta, compañero, dijo Ponce, haciendo una cruz con los dedos y besándola. He visto al *Mácaramáa* con estos ojos que se han de comer la tierra. Lo he visto más grande que el cerro de Bombón, oliendo a azufre como un condenau; y con una voz del otro mundo que me puso los pelos de punta, y que, a no ser quien soy, me hace caer privau de espanto.

Como se ve, el sargento floreaba e ilustraba su aventura de la noche anterior.

—¿Y qué lo llevó a V. a San Honorio, mi sargento? preguntó el cabo Morón.

—Fui, contestó el aludido, a preparar un golpe de mano, que si se realizara me redondeo; y pronto me hubieran ustedes visto con las amables sobre los hombros; pero ese maldito *Mácaramáa* todo lo echó a perder. ¡Es negocio de algunos milloncejos de duros el que se me ha escapau, compañeros!

—Es que mi sargento no cuidaría de ponerle una vela a San Guilindón antes de acometer la empresa, observó con sorna Chinchilla.

—Qué San Guilindón, ¡ni qué niño muerto! dijo con mal humor Ponce. Ese será santo de tu invención, Chinchilla.

—No, mi sargento; lo juro por Noé que plantó las viñas. Un reverendo muy seriote y sabihondo me contó que allá, en la corte celestial, está San Guilindón haciendo piruetas delante de su Divina Majestad y cantando al son de unas castañuelas: «La cuenta del pobre, que no se le logre»...

—Cierto, replicó Ponce; creo que ese santo es vecino de San Sinforoso, patrón de los mentirosos.

—Cabal, agregó Chinchilla que no iba por respuesta a Roma, y de San Cucufato, patrón de los mentecatos.

—Pues, y de San Indalecio, abogado de los necios...

Y habría continuado este agridulce diálogo, sin la oportuna llegada del capitán Zambrano que era conductor de órdenes superiores, con lo que cada cual se fue a desempeñar su cometido.

VII

No halló don Justo de la Vega Hermosa mejor salida para el atajo en que se veía metido, que entregarse maniatado a la hidalguía y gratitud de Roque Moreno.

Sabía que aquello era como meterse en la guarida del lobo; mas, atendidas las apremiantes circunstancias en que se hallaba, fuerza era hacer que el gato guardara la morcilla.

Escribióle una carta anunciándole que, necesitando garantías para su persona y para su caudal, ponía ambas cosas bajo la salvaguardia de su caballerosidad, y que en seguida se pondría en camino para el Olivar, distante unos 20 kilómetros de San Honorio.

En efecto, ayudado por el fiel Josecillo y por cuatro esclavos de los de más confianza; pero que creían conducir zurrones de tabaco y no de onzas de oro, después de dar sus órdenes a su administrador, emprendió la marcha don Justo en una de esas hermosas noches en que la luna, aventajada rival de la luz eléctrica, despide efluvios magnéticos, envolviendo en luminoso nimbo a la tierra que, agradecida, exhala perfumes de penetrante aroma y produce misteriosos, armónicos rumores, cuyo conjunto convida a la meditación, a la melancolía y la efusión de tiernos y dulces sentimientos[27].

A pesar de sus preocupaciones, no pudo el señor de la

---

27 El símil formado con la luz eléctrica en una novela histórica que se remonta a la época del General San Martín perturba la imagen de las primeras décadas del siglo XIX. La luz eléctrica no se instala hasta la época de la misma González de Fanning.

Vega Hermosa librarse del mágico encanto que a su pesar lo dominaba; sus ojos, vagando en el espacio, acaso buscaban reminiscencias de la patria ausente, tal vez de un amor mal olvidado. Sentía férvidos anhelos de cruzar montes y mares, de remontarse a los espacios infinitos y cantar alabanzas al Creador en un idioma ignorado por el hombre, y desligándose de la carnal envoltura, elevar su alma hasta perderse en las regiones etéreas.

Dominado por el medio ambiente que lo envolvía, sentía esos arranques de místico arrobamiento y sublime poesía que, algunos años después, habían de inspirar a uno de sus compatriotas esta bellísima estrofa:

> Una noche, una de aquellas
> noches que alegran la vida;
> en que el corazón olvida
> sus quejas y sus querellas;
> en que lucen las estrellas
> cual lámparas de un altar;
> y en que, convidando a orar,
> la luna, cual hostia santa
> lentamente se levanta
> sobre las ondas del mar

VIII

Las doce de la noche eran por filo cuando don Justo de la Vega Hermosa llegó al Olivar, donde era esperado con una suculenta cena y confortable habitación.

Era en esta época Roque Moreno hombre de cuarenta años escasos; mediana estatura, fornido y musculoso. Su crespo[28] y recio cabello no cedía fácilmente a las insinuaciones del peine, y sus ojos, pequeños y chispeantes de inteligencia y malicia, se ocultaban bajo unas cejas cerdosas y una gran nariz de arqueado caballete que, al decir de su dueño, abonaba la nobleza de sus ascendientes.

Hombre de inteligencia despejada y de privilegiada memoria, había leído sin orden ni concierto cuanto a la mano le cayera, y formándose una erudición *sui generis* que le permitía abordar todas las materias sin profundizar ninguna: especie de fuego de cañas que arde y se apaga luego sin formar brasas.

Él y su esposa dieron la bienvenida a don Justo y lo condujeron a un espacioso comedor donde sobre una mesa de sólido cocobolo, humeaba en fuente de plata, una suculenta cazuela de gallina, introducción a la opípara[29] y bien sazonada cena, preparada bajo la inteligente dirección de la ama de casa, y servida en vajilla de plata como entonces se estilaba en todas las casas de gente acomodada.

—El señor don Justo apenas come, observó doña Chavelita con untuosa voz y su más agraciada sonrisa.

---

28   *cuerpo* en el original, un obvio error tipográfico
29   *opíparo*, un banquete espléndido y bien proveído

—En verdad, señora, que los cuidados que me preocupan, aún más que la fatiga del camino, me han quitado el apetito, contestó el aludido; pero cierto estoy de que mañana haré mejor los honores a la hospitalaria mesa que tan bien revela la amable solicitud de usted.

La conversación siguió en tono festivo y amable, tratando de evitar, de común acuerdo, el anfitrión y su huésped, el espinoso terreno de la política.

Terminada la cena, condujo Moreno a don Justo a la habitación que le estaba preparada; y entonces le manifestó este sus cuitas la necesidad que tenía de poner a salvo su caudal.

Al oír de boca del español la suma que le confiaba, los ojillos de Moreno lanzaron una chispa de codiciosa admiración; pero, disimulándola, habló en estos términos:

—Esta hacienda, como casi todas las que pertenecieron a los jesuitas, tiene un sótano. Solo un negro bozal[30], muy adicto a los P. P. de la Compañía, conocía la entrada; y al morir se la reveló a mi padre que, a su vez, me confió a mí el secreto en sus últimos instantes, con encargo de no utilizarlo sino en un caso extremo. No porque hubiera encerrado allí algún tesoro, como generalmente se cree, sino como un refugio seguro en cualquiera emergencia; como una sublevación de los esclavos o una revuelta política.

Por primera vez se me presenta la ocasión de utilizar este secreto que pongo a la disposición de usted, confiando en su hidalguía.

—Gracias, mi buen amigo, contestó don Justo alargándole la mano; nunca tendrá usted que arrepentirse de su confianza.

---

30   Como se explicó en el capítulo III, un negro bozal es un esclavo que se
      había importado de la África.

—La entrada del sótano, continuó Moreno, está perfectamente disimulada en el muro de la capilla, tras del
altar mayor. Entre ambos haremos la traslación del oro de
usted, y pondremos en su lugar piedras entre los zurrones,
para que no adviertan la diferencia de peso los arrieros que
los conduzcan al puerto por donde se han de despachar,
para hacer perder la pista a los que quieran fumarse tan
rica breva.

—La colocación de las piedras puede hacerla Josecillo,
en quién tengo plena confianza, observó don Justo.

—Consentido, afirmó Moreno; pero antes será bien
que usted descanse de la fatiga del camino; por lo que apla-
zaremos la faena para la media noche de mañana.

Y se despidió de su huésped deseándole buen sueño.

IX

Durante la ausencia de su esposo, doña Chavelita, columpiándose suavemente en una hamaca de Guayaquil, dejaba vagar sus miradas por el éter que cual tenue velo envolvió la celeste atmósfera, como si allí hubiera de encontrar la solución del enigma que, sin duda, la preocupaba.

De pronto, inmotivada sonrisa, distendiendo sus rojos labios, formó un juguetón hoyuelo que rápido se ocultó, como se oculta la luna tras la nube, y poco después temblorosa lágrima abrillantó su pupila para caer a su seno, como cae la gota de rocío en el cáliz de la rosa.

¿Qué extraña preocupación asaltaba de improviso a la hermosa castellana del Olivar?

Difícil habría sido adivinarlo; tal vez si ella misma lo ignoraba. Momentos hay en que parece que el alma se aleja del cuerpo que la cobija, o que, adquiriendo de súbito el don de ubicuidad, recorriera la eterna morada de los espíritus, de la que conserva vagas nociones y adonde se siente atraída por irresistible impulso.

Momentos de lucha y enervamiento, de alegría y de dolor, de acción, y de reacción, en que no nos pertenecemos; en que el sufrimiento y el goce, el bien y el mal se disputan tiránicamente nuestra espiritualidad y nos elevan hasta el empíreo o nos hunden hasta el abismo; en que nos sentimos capaces de llegar hasta el heroísmo o de descender, quien sabe, hasta la criminalidad.

En medio de este ensueño, se le presentaban a la

señora de Moreno, confusamente, como entre brumas, y en líneas vagas e inciertas la fisonomía dulce, correcta y aristocrática del señor de la Vega Hermosa, tras de la enérgicamente plebeya de su marido; y repercutía en su oído la voz tranquila y de armonioso timbre del uno contrastando con las fuertes y broncas inflexiones de la del otro; eran el manso arroyuelo y el torrente bramador; el esbelto pino y el nudoso guayacán.

Tan abstraída estaba doña Chavelita que no sintió los pasos de su marido, y asustada, se estremeció cuando este, tocándola en el hombro, la dijo:

¿Por qué no te has acostado, Chavela? ¿No ves, mujer que con el relente de la noche puedes coger un resfriado?... Vamos, vamos a dormir.

—Vamos, contestó doña Chavelita dejándose conducir de la mano, con aire indiferente, por Moreno.

Llegados a su aposento, Moreno que a pesar de su rudeza no ignoraba que los secretos del marido nadie los guarda mejor que su esposa si es discreta, le refirió la conferencia que había tenido con su huésped, y terminó diciéndola, con los ojos inflamados por la codicia:

—¡Qué te parece, mujer! ¡Diez mil onzas de oro! ¡¡Diecisiete mil duros!! Cuánto podría hacerse con esa suma bien empleada.

—Lo que es por empleo, estate cierto de que su dueño se lo dará bueno, le contestó su esposa. Don Justo es inteligente, generoso y benéfico como pocos. A nadie se le había ocurrido antes que a él fundar escuela y hospital para sus esclavos, a más de darles terrenos y semillas para que los siembren por su cuenta ...

—Basta, basta hija; no te entusiasmes tanto; eso es porque el chapetón este lleva vida de hongo; si como yo tuviera hijitos y mujer para quienes buscar el patache, no sería tan liberal.

—¿Sabes, Moro, que no me gusta que te expreses así de don Justo? insistió doña Chavelita; es ingratitud que te olvides cuanto le debemos, y yo detesto la ingratitud.

—Bueno, mujer, se acabó; vamos a dormir, dijo Moreno bostezando, y dando un soplido a la vela, puso la cabeza en la almohada tratando de cumplir lo que decía.

Su mujer también se arrebujó entre los cobertores, pero cuando después de un largo espacio de tiempo lograron ambos dormirse, ninguno de los dos tuvo sueño tranquilo.

Moreno soñó que estaba contando y haciendo pilas de las diez mil onzas que habían pasado a ser suyas, cuando vio que por la ventana penetraba una cuadrilla de ladrones dispuesto a arrebatárselas; que él quería ocultarlas a toda prisa; pero no podría moverse, porque sus piernas y sus brazos estaban agarrotados. Cuando después de un violento esfuerzo logró despertarse, apenas comenzaba a clarear el día. Vistióse a prisa y salió al corredor en busca de aire y luz. Al pie de la escalera estaba ya su caballo overo ensillado y listo para que saliera al campo a distribuir tareas a los esclavos.

Por su parte doña Chavelita tuvo también sueños raros y extrañas alucinaciones que más de una vez le hicieron saltar como un peje sobre sus colchones. Unas veces se veía sentada a la mesa haciendo los honores de ella, y a la cabecera, no su esposo, sino don Justo con su aire distinguido y sus modales de señor que tanto la encantaban; otras, cambiando la escena como en un estereoscopio veía al mismo exánime, que la contemplaba con sus grandes ojos impregnados de melancolía y brotándole sangre de una ancha herida, en tanto que Moreno recogía las onzas de oro que estaban esparcidas a su rededor. Al despertar se sentía molida y quebrantada.

Pero, ¡cosa extraña! Ninguno de los refirió al otro las horribles pesadillas que lo habían atormentado durante la noche. Más de una vez, por efecto de la costumbre, empezaron sus labios a articular palabras, que luego, por un sentimiento impulsivo de reserva desusado entre ellos, se cambiaron en una frase trivial o indiferente; pero cambio que no podía pasar desapercibido para ninguno de ellos que tan acostumbrados estaban a leer el uno en los ojos del otro. Era acaso el primer secreto que se reservaban después de tantos años de vida conyugal.

Cuando a la hora del almuerzo se presentó en el comedor doña Chavelita, con una bata blanca de sueltas mangas que dejaban ver tras de una mano de niña, un brazo torneado y regordete, presentaba una fisonomía lánguida que le daba nuevo atractivo. Sólo cuando su noble huésped le hizo un cordial saludo, un fugitivo rubor coloreó sus mejillas que luego tornaron a palidecer; no sin que el suspicaz marido lo observara con recelosa mirada.

X

La lucha por la independencia seguía entretanto su marcha ascendente aunque erizada de dificultades; provocadas muchas veces por las mezquinas rivalidades de los mismos que más interesados debieran estar en allanarlas.

San Martín, acusado de aspirar a la reyerta había hecho dimisión del mando ante el Congreso, y retirándose a la vida privada para morir, años después, en el ostracismo y la pobreza.

La Junta Gubernativa, después de una corta administración desacreditada por la derrota de Alvarado en Moquegua, después de haber casi obtenido la victoria, dos días antes, sobre Valdez, en Tarata, había sido reemplazada por el gobierno de Riva-Agüero[31], impuesto al Congreso por Santa Cruz, que estaba apoyado por el ejército.

Después de sucesos varios, la mala inteligencia entre Riva-Agüero y Torre-Tagle[32] hizo necesaria la presencia de Bolívar[33] en el Perú; y una nueva era de venturanza

---

31 José de la Riva-Agüero (1779-1853) fue político y primer presidente de la República en 1823, aunque por poco tiempo. Más tarde se aliará con Santa Cruz durante la Confederación Perúboliviana. Este Riva-Agüero no debe confundirse con su descendente del mismo nombre quien escribió el *Carácter de la literatura del Perú independiente* (1905).

32 El Marqués de Torre Tagle (1779-1825) fue político y segundo presidente de la República en 1823, sacado de la presidencia por Bolívar en 1824.

33 Simón Bolívar (1783-1830), general venezolano que liberó Venezuela, Colombia, Ecuador y Perú. Klarén resume la relación entre estas tres figuras de la siguiente manera. Riva-Agüero sufrió mucha disonancia con el congreso a causa de los ataques realistas y a causa de la enorme deuda externa con Inglaterra. El congreso lo destituyó, nombró a Torre Tagle como presidente, e invitó a Bolívar a entrar en el país. Riva-Agüero no aceptó ni la presidencia de Torre Tagle ni la presencia de

lució para las armas patriotas, anunciando que pronto llegaría a su cenit el sol de la libertad.

La persecución a los realistas y a los que con ellos simpatizaban se hizo más y más activa.

En estas circunstancias, claro es que si en alguna parte pudiera creerse seguro un español, era en casa de Moreno, por ser el personaje más culminante de la provincia y por los relevantes servicios que había prestado a la causa de la patria, mereciendo ser condecorado por el Protector con la Orden del Sol, y su esposa con la banda de honor; recompensas concedidas sólo a los que se distinguían por sus buenos servicios en pro de la independencia.

Podría, pues, haberse dado por seguro en su asilo el señor de la Vega Hermosa, si las circunstancias antedichas no hubieran avivado las dos pasiones asoladoras que se disputaban el corazón del insurgente Moreno: la codicia y los celos; y sus efectos desastrosos eran nubes que se amontonaban presagiando ruda tormenta para el caballero español.

El oro había sido depositado en el sótano con las más minuciosas precauciones de seguridad. Nadie, ni aun el fiel Josecillo, había tomado otra participación que la de rellenar con piedras, cubiertas con guañas de tabaco, los zurrones, que aparatosamente fueron conducidos al puerto y embarcados a bordo de la goleta «Relámpago» que luego se dio a la vela para el Callao.

Las pilas de onzas con las efigies de Carlos III y Carlos IV, despertando aviesos instintos mal adormidos en el corazón del criollo, ejercían sobre él irresistible atracción.

Bolívar en el territorio patrio. Fue a Trujillo donde declaró otra vez la independencia. Cuando el Libertador llegó al Perú halló que el país tenía dos presidentes, uno en Lima y otro en Trujillo. Klarén, *Peru,* pág. 132.

Soñaba con ellas, y aún despierto, sufría extrañas alucinaciones. Creía que animadas por invisibles espíritus, las monedas danzaban diabólicamente a su al rededor, y con caprichosa cadencia, ya se alejaban hasta perderse en el horizonte, ya se acercaban hasta poder casi cogerlas sin más que extender la mano.

Y pensar que con deshacerse de don Justo, o con solo delatarlo como enemigo de la Patria, ¡quedaría el dueño de ese caudal que nadie podría reclamarle!...

Pero don Justo había sido su salvador; por él, como decía muy bien su esposa, no eran huérfanos sus pequeñuelos.

Violenta lucha libraban en el corazón de Moreno el ángel de la gratitud y el demonio de la codicia.

No pasaba desapercibido este cambio para su esposa a quien también habían abandonado su plácida alegría, su tranquila dicha de otros días. El brillo de sus negros ojos perdía en intensidad, aunque por momentos tuviera rápidas fosforescencias; sus mejillas no eran ya émulas del melocotón al despedirse del árbol, y sus rojos labios no se dilataban con juguetona sonrisa para formar seductores hoyuelos, sino que las comisuras caían, como caen las alas del ave herida.

¿Por qué la perseguía en sus sueños la figura del caballero español?

¿Por qué su corazón latía precipitado cuando él se acercaba y languidecía cuando estaba lejos?

¿Qué extraño dominio, qué poderosa sugestión ejercía sobre ella el extranjero?

Al penetrar al fondo de su pensamiento la casta esposa se horrorizaba de sí misma; y ya se refugiaba como en un sagrario al lado de la cuna de sus hijos, ya iba a pedir devoto amparo a la virgen de Mercedes que se veneraba en la capilla de la hacienda; pero el demonio de la tentación no abandonaba la brecha.

Para colmo de desventura, los esposos Moreno habían perdido esa mutua confianza que identifica y funde dos almas en una con la mutua expansión, aminora las penas y acrecienta[34] las dichas. Observábanse recelosos, enturbiando la desconfianza la clara linfa que antes les permitiera ver hasta las doradas arenillas del fondo de su alma.

---

34 El original no lleva el cambio «ie» en el radical de este verbo el cual se cambia de acuerdo con el uso moderno.

XI

Circulaban rumores de que, venida de una de las provincias limítrofes, había una partida de montoneros, mandada por el famoso Cerote, mitad insurgente, mitad bandolero, que con el pretexto de perseguir a los españoles, estaba haciendo fechorías en las haciendas y pueblos cercanos al Olivar.

Fuera interés por su huésped o pretexto para alejarlo de su casa adonde inconscientemente había llevado la intranquilidad, ello es que Moreno manifestó que era fuerza proveer a la seguridad de Vega Hermosa; y que, no habiendo buque listo en que pudiera embarcarse, convenía que mientras se presentaba alguno, se ocultara en el monte de la hacienda, en una choza de pastor que trataría de reforzar y darle la comodidad precisa.

Temeroso de acarrear algún disgusto a los que le habían dado hospitalidad, Vega Hermosa no hizo objeción al proyecto que luego se puso en práctica.

Convenía tener un auxiliar entre los habitantes del Olivar para que se encargara de llevar provisiones al solitario; porque Josecillo debía aparecer como ausente, lo mismo que su amo. Para esta delicada comisión fue elegido el zambo Manuel, generalmente conocido por *Mazamorra*, por ser oriundo de Lima, cuyos habitantes son motejados en las provincias con el apodo de mazamorreros[35].

El sujeto en cuestión era un zambo enjuto de carnes, de sueltos modales y palabra fácil y relativamente culta; era

---

35 *mazamorra*, postre típico de Lima que se hace con maíz morado y fruta

paje de confianza y cocinero; en ocasiones, sacristán, y, si se ofrecía, zapatero; astuto y gracioso, lleno de cuentos y triquiñuelas; por esto todos lo querían y solicitaban su compañía o su servicio; en una palabra: era de los que se le cayeron de la alforja al diablo, útil para todo, siempre que no se dejara arrastrar por la pícara afición a las copitas.

Llamólo Moreno y le dijo:

—*Mazamorra*, voy a darte una comisión muy delicada que exige inteligencia, y sobre todo, entiéndelo bien: secreto. Y Moreno llevóse el dedo a los labios, aunando el signo a la palabra para dar mayor solemnidad a la frase.

—Pierda su merced, cuidado, mi amo; seré mudo como un muerto y astuto como el zorro.

—Corriente, así te necesito; pero cuidado con irse a *Copiapó* –y poniéndose el pulgar en la boca, Moreno hizo el ademán de beber. –Cuidado, te digo, porque entonces pierdes la chaveta y el demonio que te aguante.

—No hay cuidado, mi amo, contestó con aplomo *Mazamorra*; tenga su merced confianza en su criado.

—Bueno, bueno, replicó Moreno; pero te advierto por tu bien, que si cumples como es debido, tendrás una buena recompensa; pero que si te descantillas, te hago propinar doscientos ramalazos a cotona remangada que no te dejarán el cuero sano.

Mazamorra hizo nuevas protestas de discreción y recibió las instrucciones de su amo, que cumplió fielmente.

XII

Verdadera celda de anacoreta fue la ruin cabaña que le tocó habitar al acaudalado señor de la Vega Hermosa.

Cuatro horcones nudosos servían de base al edificio, que tenía ramas secas por techumbre y por pavimento la tierra endurecida y con restos de vegetación; un gran sauce le daba sombra y apoyo, y una acequia, cuyos bordes estaban tapizados de retamas, chamicos y enredaderas silvestres, proporcionaba el agua, ese indispensable elemento de vida.

El menaje correspondía a la rudeza del edificio. Una barbacoa de cañas era el potro de tormento, más que lecho de reposo; un tronco de árbol hacía el doble oficio de mesa y escritorio, y servía a la vez de arca y asiento uno de esos baúles forrados en baqueta, de los que se ven todavía algunos ejemplares.

En medio de este rústico atavío, resaltaban, como perlas en mano de carbonero, un rico cristo de marfil en cruz de ébano y una carabina inglesa, acaso la primera de su clase que vino a Sudamérica.

Con mil precauciones había transportado estos objetos Josecillo, ayudado por el ladino y avispado *Mazamorra*.

Cuando estuvo aperada la rústica vivienda, don Justo y su criado salieron a presencia de los esclavos, con las alforjas llenas de fiambre y provisiones, camino de la sierra; avanzaron hacia un lugar escogido de antemano, donde aguardaron la noche para internarse en el monte, hasta llegar a la escondida cabaña que debían habitar.

Era Vega Hermosa un hombre de mundo, y más que

un sabio, un filósofo a quien ya no asombraban las peripecias de la vida; de manera que llevaba en sí mismo el poder de ser feliz y energía bastante para dominar los acontecimientos.

Fácilmente se avino a esta vida primitiva y aún le halló no sospechados encantos.

El estudio de la naturaleza es para el sabio un rico venero, cuya explotación le proporciona goces y sorpresas inagotables.

No más que el estudio de los insectos con su indefinida variedad, basta para dar empleo a una vida entera[36].

No es, pues, de extrañar que don Justo pasara largas horas ocupado en observar las costumbres y modo de ser de los grillos y chicharras; esos discordantes músicos de la campaña, o de las luciérnagas, que, esparcidas en la enramada, con su fosforescente brillo remedan lentejuelas de oro sobre negro manto de terciopelo.

Y tras de los insectos, las orquídeas y las gramíneas y los árboles seculares y el estrellado cielo, avivando la afición del caballero por las ciencias naturales, le daban grata y provechosa ocupación que alejaban de él el hastío: ese cruel suplicio de los ignorantes y desocupados.

En períodos desiguales y muy sigilosamente, llevaba *Mazamorra* las provisiones necesarias, y alguna delicada golosina, confeccionada casi siempre por las expertas manos de doña Chavelita. Josecillo era el *maître d'hotel* que sazonaba las sencillas viandas en groseras ollas de barro, sustentadas por piedras del arroyo, improvisada cocina de los pobres habitantes de nuestros campos.

---

36 Los europeos que venían al Nuevo Mundo para estudiar la naturaleza fueron productos de la Ilustración. Barón Alexander von Humboldt es acaso el más famoso. Vega Hermoso hace eco de este potente fenómeno. La filosofía de la Ilustración también desemboca en el ideal del salvaje noble (Josecillo) y en los ideales de la Independencia.

XIII

Tranquilo y descuidado volvía a su rústica vivienda después de haber pasado la mañana herborizando el señor de la Vega Hermosa con el morral bien provisto de plantas y muy satisfecho de haber enriquecido con nuevos ejemplares su ya rica colección de orquídeas y helechos, cuando, al ascender el repecho de un barranco, se le presentó Josecillo con el semblante trastornado y le dijo:

—Mi amo es preciso internarse más en el monte y pronto, pronto, porque el enemigo está cerca.

—¿De qué enemigo hablas José? preguntó sorprendido don Justo.

—Los montoneros, mi amo, que vienen a prender a su merced; contestó el negro con voz alterada.

—¿Dónde están y cuántos son? dijo alarmado don Justo.

—Están a pocas cuadras de aquí, almorzando y bebiendo aguardiente con pólvora para criar valor; fui a atisbar si divisaba a *Mazamorra* que debe traer hoy los víveres, cuando oí rumor de voces y, casi arrastrándome por entre las yerbas, me acerqué lo bastante para ver que, en un claro del bosque, habían, como quince montoneros, armados[37]; tenían los caballos atados a los árboles y, a la vez que bebían, disputaban acaloradamente sobre el modo de atacar a su merced; pero no perdamos tiempo mi amo; pongámonos en salvo antes que sea tarde; agregó con ins-

---

37   *armadas* en el original

tancia Josecillo: por el lado del Puquio podemos escapar.

Don Justo colgó el morral en una horqueta y tomando su carabina principió a examinar el sebo y a alistar las cargas.

—Ya es tarde mi amo, dijo con desmayo Josecillo, viniendo de fuera; ya se ve la polvareda y se oye el galope de los caballos: antes de diez minutos estarán aquí.

—Huye tú; dijo con pausado acento el caballero; que con la ayuda de Dios y de mi santo patrono Santiago de Compostela, he de venderles cara mi vida.

—Huir sin su merced, mi amo, eso nunca; dijo con resolución el abnegado esclavo, a su merced le debo la vida y por su merced la perderé si es preciso.

Conmovido don Justo lo estrechó entre sus brazos diciéndole.

—Desde hoy no eres ya mi esclavo sino mi hermano[38].

Y arrodillado ante el Cristo hizo una corta y hermosa oración acompañándolo el negro. Luego trancaron lo mejor posible la puerta de entrada y practicaron de trecho en trecho pequeños agujeros que sirvieran de punto de mira para observar los movimientos del enemigo, correspondiendo con otros en que se apoyara el cañón del arma.

Apenas terminada la operación oyeron el vocerío del enemigo que se acercaba en tropel. Al ver cerrada la puerta de la choza exclamó uno con rudo acento.

—¡Voto al chápiro[39]! Nos ha sentido y nos aguarda prevenido. Alerta muchachos y a atacar con brío a este infame godo.

En ese instante se oyó la detonación de un tiro que sa-

---

38   La manumisión fue uno de los ideales incumplidos de las guerras de Independencia. Aquí don Justo lo hace cumplir.

39   ¡Voto a Dios y al Chápiro Verde! (en inglés, What the hell! I swear to God.)

liendo por entre los intersticios de la quincha, derribó en tierra a uno de los asaltantes.

—¡Mala, peste! clamó la voz de Cerote; hay que hacerlo cecina compañeros. ¡Apunten!...¡fuego!

Y una docena de balas silbando en el aire, fue a perderse entre las totoras que formaban las paredes del rancho.

Una segunda bala saliendo del interior hizo una nueva víctima. Aterrados los asaltantes, se retiraron a deliberar acerca del modo de dar un segundo ataque. Los sitiados tuvieron algunos instantes de respiro que aprovecharon para restaurar las fuerzas tomando un bocado y un vaso de vino.

—Escucha lo que voy a decirte y jura que lo cumplirás, díjole don Justo con solemne voz a su criado.

El negro después de besar devotamente los pies del Cristo, contestó:

—Por este señor crucificado que nos oye, juro mi amo obedecer cuanto su merced me mande.

—Pues bien, dijo Vega Hermosa; pronto nos atacarán nuevamente y yo haré ver a esa chusma cuanto puede el esfuerzo de un caballero español; mi deber me ordena defender mi vida hasta el último instante, y lo cumpliré; pero como son muchos no podré dar cuenta de toda la jauría y al fin me matarán. Mientras pueda servirme de mi arma, me alcanzarás las cargas como hasta aquí lo has hecho; pero si me matan o me hieren, trata de salvarte que a ti no te perseguirán, pues lo que quieren es mi vida y el oro que suponen que tengo aquí guardado. Tú conoces los vericuetos del bosque y fácil te será ocultarte hasta que pase el peligro.

Le entregó luego su carta de libertad que de antemano tenía lista y una orden a Moreno para que le entregara mil pesos, reservando el resto del depósito para cuando sus parientes de España lo reclamaran.

Repuestos de su sorpresa, los asaltantes volvieron con más cautela al ataque. Divididos en dos alas desplegados, para presentar menor blanco, atacaron unos por el frente y otros por detrás de la cabaña. El caballero ayudado por Josecillo continuó defendiéndose bizarramente y logró hacer morder el polvo a otros dos de los guerrilleros que por el frente lo atacaban, mas los que estaban detrás logrando abrir una brecha con sus machetes le dirigieron un tiro a quemarropa que lo hizo caer exánime. Este triunfo fue celebrado con gritos que atrajeron a los compañeros, y, lanzándose en tropel al interior del rancho, registraron prolijamente cuanto en él había en pos del tesoro que se prometían encontrar y bramaron de coraje al ver burladas sus esperanzas.

Dos se abalanzaron al exánime cuerpo de don Justo y registrándole encontraron que una gruesa faja le ceñía la cintura.

—Albricias Capitán, dijo Lucero que era el teniente de la cuadrilla; ya dimos con el tapado del godo; y le arrancó violentamente la faja; pero, ¡oh decepción! lo que creyó cincho de onzas de oro, resultó ser un áspero cilicio de agudas púas con que mortificaba su cuerpo el penitente caballero.

Soltaron una andanada de soeces juramentos y después de remover hasta las piedras del fogón y de cuanto encontraron a mano, se alejaron, furiosos del chasco que habían sufrido, llevándose como únicos trofeos de su hazaña, la carabina que se apropió Cerote, el Cristo cuyas potencias y cantoneras de plata tentaron la codicia de Lucero, y la poca ropa del caballero, que se repartió el resto de la tropa.

XIV

Perdióse a lo lejos el rumor de voces y el tropel de los caballos de los insurgentes que acababan de ejecutar obra, no de patriotas sino de desalmados bandoleros a quienes cabía aplicar las palabras de Mme. Roland al subir al cadalso: «¡Oh Libertad! ¡cuántos crímenes se cometen en tu nombre»!...

De entre un fragoso matorral salió, momentos después, Josecillo cenizo de espanto y con las manos y las ropas desgarradas por las espinas. Acercóse con cautela y, cierto ya de que los enemigos habían abandonado el campo de la lucha, penetró en la cabaña y se arrojó dando alaridos de dolor sobre el inerte cuerpo de su amo y lo examinó. Del omóplato derecho manaba por una herida la sangre que el esclavo trató de restañar. Púsole la mano sobre el corazón y creyó percibir débiles latidos; aplicó el oído y seguro de que aún le quedaba un resto de vida, corrió en busca de una copa de agua con que lavar la herida y refrescar la frente del moribundo; mas no encontrando taza ni cacharro, porque todo había sido destruido por la insana furia de los montoneros, desciñó su faja y empapándola en el arroyo, humedeció las sienes y los labios de su amo que, entreabriendo lo ojos, lanzó un ahogado gemido y dirigió una vaga mirada a su rededor. Recostóle el negro la cabeza sobre su pecho y exprimiendo algunas gotas del refrigerante líquido en los cárdenos labios, le dirigió dulces palabras de respetuosa adhesión.

Abriendo nuevamente los lánguidos ojos, el caballero, murmuró con voz entrecortada:

—Entre mis... papeles hay...

Mas un nuevo síncope le cortó la palabra por algunos momentos; poco después agregó penosamente:

—Dios mío...cuanto sufro...En tus manos...Señor...encomiendo...mi alma.y la recomien...do...a tu...misericordi...dia...

Dichas estas palabras, echó la cabeza hacia atrás y exhaló el último aliento.

Así acabó su vida, lejos de la patria, en mísera y desmantelada cabaña, el rico hidalgo poseedor de inmensa fortuna. El benefactor de sus semejantes, muere víctima de la codiciosa perversidad de algunos de ellos. En este, como en otros muchos casos a que la razón humana no encuentra satisfactoria explicación, para no extraviarse en las nebulosidades de una filosofía desconsoladora, cabe repetir la pregunta que los discípulos dirigieron a Cristo a presentarse el ciego de nacimiento: «¿Quién ha pecado, él, o sus padres?»

XV

En las expansiones del dolor se observa marcado antagonismo entre el negro y el blanco. El primero grita, gesticula, se desespera y, desahogado ya del peso que lo oprimía, se tranquiliza cual si hubiera bebido las mitológicas aguas del Leteo. Su dolor es tempestad de verano en que el cielo cargado de espesos nubarrones, se desata en lluvia torrentosa que lava las impurezas del suelo, refresca las agostadas hierbas, y luego se ostenta sereno, sonriente, luminoso, bañado por vívidos rayos del sol que cobijando a la tierra con manto de oro; la fecundiza y vivifica.

El blanco tiene un dolor sombrío, casi mudo; pero tenaz como el remordimiento; que deja huellas profundas en su alma; huellas que se exteriorizan en su cuerpo a la manera que los grandes cataclismos de la naturaleza dejan en la corteza terrestre surcos y disgregaciones, testimonios perennes de las convulsiones subterráneas que en remotas épocas geológicas agitaran al planeta.

Al exhalar don Justo el último aliento, Josecillo lanzó gritos estridentes; mesóse los cabellos; besóle pies y manos y lo llamó con los más cariñosos nombres. Como las antiguas plañideras, en monótona canturria enumeró exagerándolos, los méritos de su difunto amo; y después de esta ruidosa expansión, corrió al Olivar a dar parte del sangriento drama.

Honda impresión produjo en los hacendados del Olivar la noticia del trágico fin del señor de la Vega

Hermosa; tornóse lívida la cobriza tez de Moreno y sus tré-
mulas manos dejaron escapar el cigarro que torcía; los
rojos labios de doña Chavelita tomaron el color del marfil,
en tanto que sus ojos agrandados por el espanto le dirigían
a Moreno una escrutadora mirada que le hicieron abatir a
tierra los suyos cual el criminal ante su Juez.

La doble mirada de los esposos encerraba un mundo
de revelaciones que habría facilitado la tarea de un juez
instructor, pero en aquella época de trastorno y dislocación
social, pasó como escena de interior sin ser notada por los
obtusos espectadores del lance. Además, la muerte de un
español se consideraba como una acción meritoria y pa-
triótica. Así, ofusca la pasión política el sentimiento de la
justicia haciendo responsable de crímenes vulgares a la
causa santa de la libertad.

El cadáver del señor de la Vega Hermosa fue tras-
ladado en una parihuela a la capilla de la hacienda donde
se le hizo un modesto funeral. Sus papeles cuidadosamente
recogidos por Josecillo, fueron depositados en una arca
donde bien pronto fueron olvidados.

XVI

¿Encontró Moreno la felicidad que se prometía con la posesión del oro del huésped y bene-factor a quien tan vilmente traicionara? No; pues cada vez que a la media noche, para librarse de indiscretas miradas, intentó ir a sacar el codiciado metal, su conciencia asustadiza, fingiéndole fantasmas vengadores, lo hacía huir despavorido. Después de varias tentativas infructuosas, se resolvió a hacerse acompañar por un su primo a quien condujo con los ojos vendados después de hacerlo jurar que no intentaría descubrir la secreta entrada del sótano; y tuvo que partir con él la suma que entre ambos sacaron, no atreviéndose a repetir la visita de miedo de ser traicionado por su acompañante.

No era más feliz en su hogar: su esposa, antes tan amante y afectuosa, le mostraba repulsión y desdén. En vano procuró excitarla hincándola el aguijón de los celos, pues, no logró sacarla de su glacial indiferencia; su corazón estaba muerto para él. Ese fue un nuevo estímulo que exaltó su pasión; esa mujer le pertenecía, era suya según las leyes divinas y humanas y, sin embargo, no la poseía; un muerto le disputaba su amor que él hubiera adquirido aun a costa de todo el oro de que era poseedor, si con oro pudiera comprarse el amor cuando se ha perdido junto con la estimación del ser amado. La espina de los celos torturaba su alma y ni aun tenía la triste satisfacción de vengarse, porque su rival era una sombra, un fantasma, un muerto; un muerto que en sus largas noches de insomnio, lo acechaba con risa satánica burlándose de sus tormentos y trastornando su cerebro con acres y libidinosas visiones.

Si Moreno sufría extrañas alucinaciones, fruto natural de su turbada conciencia, no sufría angustias menores su esposa. De escasa instrucción, pero de rectos principios, doña Chavelita había ratificado en su conciencia el juramento que ante el altar hiciera de ser fiel al que le daba su nombre y que era el padre de sus pequeños. Y su vida transcurrió uniforme y serena como la límpida superficie de un cristal, hasta que vino a turbarla la presencia y la trágica muerte del caballero español. Desde entonces su corazón en vez de reflejar la imagen de Moreno, le presentaba con mortificante pertinacia la gallarda figura de Vega Hermosa, por más que invocara en su favor el auxilio del cielo.

XVII

Tres meses, día por día, habían pasado desde el del trágico fin de don Justo, cuando ocurrió el extraño incidente que vamos a narrar.

¿Fue ello ilusión de doña Chavelita? ¿Su calenturienta imaginación, su excitado sistema nervioso le hicieron ver fantasmas y oír voz del finado caballero cuyo recuerdo embargaba constantemente su espíritu? Tal pudiera suceder; pero afirmaba ella y por Dios y por sus santos que estaba bien despierta y en el pleno uso de sus facultades cuando ocurrió el lance. Y todavía Allan Kardec[40] no había fundado el espiritismo; ni doña Chavelita tenía noticia alguna de los prodigios de Mesmer y de Cagliostro y casi podríamos asegurar que ignoraba igualmente que, según la Sagrada Escritura, la pitonisa de Endor, a petición de Saúl, evocó el espíritu de Samuel que le predijo al rey de Israel las desgracias que luego le sobrevinieron.

Tratándose de lo maravilloso, la humanidad fue y será siempre crédula. Ni cómo censurarla si aún quedan por descorrer tantos velos; por averiguar el *cómo* y *por qué* de tantos inexplicables fenómenos; ¿cuándo la sugestión y el hipnotismo amenazan demoler creencias que, como el libre albedrío y la conciencia, constituían la base del edificio de la sociedad?....

Pero, huyamos de tales profundidades de las que para salir airosas no nos bastaría el hilo de Ariadna y volvamos a reanudar nuestro interrumpido relato.

---

40   Allan Kardec [Hyppolyte Leon Denizard Rivail] (1804-1869) es el fundador del llamado espiritismo, la creencia en ciertos medios para acercarse a Jesucristo.

Cierta noche, no pudiendo conciliar el sueño, se arrojó de la cama doña Chavelita y envolviéndose en un ligero peinador, salió en pos de aire más fresco que calmara la excitación de sus nervios. Apenas llegaba al ancho corredor de la casa, cuando ¡oh prodigio! cerca de sí vio a manera de una sombra blanquecina que la recordó la silueta de don Justo y oyó su voz que con serena pero triste entonación le dijo:

«La memoria de los muertos, no ofende a los vivos; que vuelva, pues, la calma a vuestro espíritu»... y después de una pausa agregó:

«Entre mis papeles hay un legajo atado con cinta negra; podéis enteraros de su contenido y, luego, ved de remitirlos a mi madre a España» ....

Haciendo un supremo esfuerzo, doña Chavelita extendió ambas manos haciendo ademán de coger al que le hablaba, pero sus manos se juntaron en el vacío: la sombra había desaparecido. Medio paralizada por el terror volvió a su cuarto y se arrojó sobre su lecho sudando y temblando a la vez.

Así la encontró el nuevo día en que mustia y desfallecida, después de orar fervorosamente a la Virgen de Mercedes, su protectora, se dirigió al arca donde estaban encerrados los papeles del hacendado de San Honorio y a poco que buscó, encontró el legajo atado con lazo negro dirigido: «A la Excma. señora doña María del Pilar de Zárate, Condesa viuda de Pinar del Río».

Tomando grandes precauciones para no ser sorprendida, encerróse en su aposento y emocionada leyó lo siguiente:

« Madre:

«Si me toca comparecer ante el Eterno antes que dejéis esta mansión terrenal y si vuestros ojos llegan a recorrer estas líneas, ellas os instruirán de mi inmensa desdicha y de mi inculpabilidad.

«En mis paseos solitarios por la florida vega que circunda nuestra hermosa Granada, conocí y amé con todo el fuego de la adolescencia a Carmela, que habitaba, sola con su madre, una linda casita a orillas del Genil y que, con una modesta pensión de viudedad de su padre, antiguo militar del ejército español, constituían todo su haber.

«Pronto nos entendimos y llegué a prometerle que, mediante el consentimiento de mis padres que esperaba obtener a pesar de la desigualdad social que nos separaba, le daría mi mano y mi nombre. Fue mi primer amor y la creí un ángel: hechos posteriores se encargaron de probarme que sólo era un instrumento de la loca ambición de su madre que sabía explotar hábilmente su belleza y mi inexperiencia.

«Con el pretexto de cazar o de buscar plantas raras para mi colección, íbame por las tardes y pasaba horas que siempre me parecían cortas al lado de Carmela, pero sin que nos perdiera de vista doña Mencía su madre.

«Hallábame en el colmo de la dicha y solo aguardaba una ocasión propicia para solicitar de mis padres el permiso de pedirla a su madre, cuando recibí por correo una carta anónima concebida en estos términos:

«Carmela se burla de vos: si deseáis persuadiros de la exactitud de este aviso que os da una persona que se interesa por vuestra felicidad, espiadla en sus paseos alguna tarde que ella no os aguarde y la veréis prodigando sus favores a vuestro rival.

«Al leer este escrito sentí que el infierno de los celos se encendía en mi corazón. ¡Engañarme la dulce, la cándida niña de quien me gloriaba yo de ser el primero y único amor!....Tan pronto la culpaba recordando mil indicios reveladores de su falsía, como, arrepentido, desechaba horrorizado tales sospechas que me calcinaban el cerebro y me torturaban el corazón.

«Preciso era despejar la pavorosa incógnita y con tal fin les anuncié a doña Mencía y a Carmela que dejaría de visitarlas algunos días porque mi padre me comisionaba para ventilar en Sevilla, cierto asunto de interés, por estar impedido de hacerlo mi hermano Fernando que, siendo el primogénito, estaba encargado de los negocios de familia desde que la cruel parálisis tenía a mi buen padre privado de acción por más que su cerebro actuara con la más perfecta regularidad.

«Hecho esto y tomando las más escrupulosas precauciones, para no ser descubierto, púseme en acecho.

«El primero y segundo día, nada vi que justificara la infame denuncia; y ya principiaba a recobrar la perdida calma, cuando el tercer día, casi a la hora del *Angelus*, veo salir de la casa a Carmela de bracero con un hombre cuyo rostro vuelto hacia doña Mencía no podía yo distinguir. Con furioso arrebato echéme a la cara mi escopeta de caza y salió silbando una bala que, con certera puntería, atravesó a mi rival; ¡lanzó este un gemido y cayó para no levantarse más! ...

«Horrorizado de mi acción, huí del lugar del suceso sin ser visto y me encerré en mi habitación: la conciencia me gritaba: ¡«Eres un asesino»! ...

«Pocas horas después, las voces y carreras de la servidumbre y el llanto de mi hermanita Pilar me anunciaron que alguna gran desgracia ocurría en la casa. Salí apresurado y en el peristilo del palacio miré un cuadro aterrador: varios individuos llevaban el cadáver de un hombre; descubro precipitado su rostro y...¡horror! el muerto era mi hermano Fernando y yo...no cabía duda, yo era su matador!...[41]

«Vuestra desesperación, madre mía, y la vista del pobre inválido que se encerró en sombrío silencio, acabaron de ensombrecer mi espíritu.

«Vuestro llanto y el mustio semblante de mi padre que parecía no darse ya cuenta de lo que a su rededor pasaba, eran agudos puñales que ahondaban más y más la herida de mi alma. Muchas veces estuve a punto de delatarme como asesino de mi hermano; pero la consideración de que esta confesión no haría sino agravar los sufrimientos de los míos, selló mis labios.

«Tal fue la verdadera causa de esa gravísima enfermedad que puso en peligro mi vida y de la que muy a mi pesar me salvó el talento médico del doctor Gobín. No habiendo logrado el alivio de morir, me decidí a viajar con el pretexto de acelerar la convalecencia.

«Las lágrimas de mis padres y de mi hermana caían cual plomo hirviente en mi corazón y aun en sueños creía oírme apellidar CAÍN!

«Huí, pues, de mi hogar y me vine a este país hospitalario, al Perú; donde me han llovido las riquezas que no ambicionaba. ¿Para qué las ha menester el proscrito?

«He hecho el bien que he podido; he macerado mi cuerpo con la penitencia y me he privado hasta de los más lícitos goces en expiación de mi involuntario crimen.

«Después de diez años de vida solitaria, la cruel guerra en que están empeñados mis compatriotas y los peruanos que con buen derecho—justo es reconocerlo,— aspiran a conquistar su independencia, me ha hecho pensar en volverme a España a mi hogar desierto por la muerte de mi padre y el matrimonio de mi

---

41 El fratricidio aquí narrado refleja la *Historia de la Monja Alférez, Catalina de Erauso, escrita por ella misma.* Como don Justo de *Roque Moreno*, la Monja Alférez mató a su hermano sin querer.

hermana. Mas, para el no improbable caso de que mi nacionalidad, hoy odiada en el Perú, sea causa de mi muerte, escribo esta confesión que Dios, en su infinita misericordia, hará que llegue a vuestras manos. Ella os explicará la extraña conducta y aparente ingratitud de vuestro hijo que hoy cifra su ambición en besar vuestras venerandas canas y consagraros lo que le resta de vida.

«De rodillas implora su perdón, madre adorada, vuestro desgraciado hijo

«P. D. Mi vida corre un inminente peligro; ella y mi caudal consistente en 10,000 onzas de oro, he debido confiarlos a la lealtad de un peruano don Roque Moreno, en cuya amistad confío. Mi hacienda de San Honorio, que he dejado a cargo de un administrador, don Sebastián Palomino, es probable que sea confiscada por el gobierno patriota.»

Al terminar esta lectura, doña Chavelita besó piadosamente el legajo; atólo nuevamente y le puso bajo de otro sobre con el propósito de cumplir la última voluntad de don Justo; pero fue interceptado por Moreno que lo redujo a cenizas por su propia mano.

XVIII

Han pasado algunos años después de los sucesos que hemos narrado. Al estacionario y caduco Virreinato español, ha sucedido el gobierno republicano, con sus agitaciones y turbulencias, amargo fruto de la ambición de los caudillos militares siempre en pos del medro personal disfrazado con las palabras de *Patria y Libertad*.

El negro Mancebo natural de Lima y criado con indiscreto mimo por una de aquellas señoras de rancio abolengo y escaso meollo, era una de esas naturalezas depravadas que los discípulos de Lombroso excusan con el pretexto de un desequilibrio mental o presentan como víctimas inconscientes de un fatal atavismo que los impele al crimen con fuerza irresistible[42].

Autor de diecisiete asesinatos, estuvo a punto de ser fusilado por sus crímenes, cuando Roque Moreno, después de comprarlo a vil precio, merced a sus influencias políticas, logró salvarlo del patíbulo y lo llevó al Olivar en donde continuó la negra carrera de sus crímenes.

Cada vez que la justicia pretendía apoderarse del culpable para imponerle el merecido castigo, Moreno interponía su influencia y lograba salvarlo, contentándose con hacerle remachar una barra de grillos y propinarle un novenario de cincuenta azotes.

Mancebo juró vengarse; y con tal fin tramó sigilosa-

---

42   Cesare Lombroso (1835-1909), criminólogo positivista italiano quien postulaba que la criminalidad es heredada de los ancestros.

mente una conjuración entre los esclavos del Olivar y los de las haciendas próximas; el plan de los conjurados era asesinar a sus respectivos amos y dirigirse a Lima, sublevando a los esclavos de las haciendas de la Costa; y una vez en Lima, suplantar al presidente General Gamarra; o por lo menos imponerle condiciones como lo hicieron los plebeyos romanos en su retirada al Monte Sagrado[43].

En momentos de estallar la conspiración, el mayordomo de la hacienda le participó a Moreno lo que ocurría, y presentándole un buen caballo ensillado, le aconsejó que se pusiera en salvo.

—Donde mueran mi mujer y mis hijos, moriré yo; contestó resueltamente Moreno.

—Mi amo, díjole el fiel criado: mi señorita y los niños no corren peligro alguno: respondo de su vida.

Cediendo Moreno a los ruegos de su esposa y a las instancias del mayordomo, emprendió la fuga; pero después de recorrer dos leguas y cuando ya podía considerarse salvado, cual si una fuerza fatal le impulsara, hizo volver grupas a su caballo y regresó a la hacienda. Cabía aplicarle la expresión popular: «Lo arrastró la soga».

Los esclavos amotinados cercaron la casa. Cediendo Moreno a las súplicas de su esposa y tal vez con la mira de ocultarse en el sótano, se refugió en la capilla tras de una imagen de la Virgen de Mercedes; pero visto por una esclava, lo delató a los sublevados. Un grupo de éstos se dirigía a la gran sala de la casa donde agrupada la familia, aguardaba aterrada la muerte.

En tan críticos momentos se presentó el cabecilla

---

43   Como se ha discutido en la introducción, la idea de sublevaciones de esclavas es histórica. Ocurrió en el valle de Nepeña donde luego crecería González de Fanning, quien seguramente había escuchado de ellas en las historias orales.

Mancebo y haciendo con su puñal una raya en el suelo como separando a las víctimas de los victimarios, volviéndose a sus subordinados, les dijo con voz de autoridad:

—¡Muchachos! ¡El que toque siquiera a la ropa de mi señorita, lo coso a puñaladas![44]

El bandido guardaba gratitud a su ama, que alguna vez después de la flagelación había curado piadosamente las desgarraduras de su piel e intercedido para que se suspendiera el cruento castigo.

Sumisos los amotinados a la voz de su jefe, abandonaron la sala y se dirigieron a la capilla; descubierto el escondite de Moreno, fue bajado a empellones hasta las gradas del altar mayor donde le acribillaron a puñaladas y sólo se retiraron cuando lo creyeron muerto.

Viendo alejarse a sus asesinos, Moreno, casi agonizante, se incorporó devotamente y principió a implorar perdón de sus crímenes y especialmente de la alevosa muerte de don Justo.

En ese instante entró Cucho, negro joven por quien Moreno había tenido especial predilección; pero que siendo aún niño, al darle un bocado de su plato en la mesa, ensartóle casualmente un ojo con el tenedor. Cucho, que había olvidado los favores, mas no el daño inconsciente que le infiriera su amo, al ver que aún daba señales de vida, clavóle con fiereza su puñal en el corazón, diciendo:

—Toma blanco: tú me pusiste tuerto por amor y yo te mato por rencor. ¡¡Mueran los blancos!!

Tal fue el trágico fin de Roque Moreno; naturaleza indómita y bravía, hombre de pasiones fuertes, pero que no carecía de nobles y generosos sentimientos que, bien diri-

---

44   Ninguna de las dos exclamaciones lleva el signo de exclamación introductorio en el original.

gidos y desarrollándose en un medio ambiente más favorable que aquel que la suerte le deparara, habría podido ser un útil y activo ciudadano.

XIX

Esta, como tantas otras de esas tormentas sociales tan frecuentes en el Perú mientras subsistió ese crimen de lesa humanidad llamado *esclavitud*, verdadero sarcasmo en una nación regida por el sistema republicano, tuvo al fin su término[45]. La justicia recobró sus fueros; se siguió un proceso indagatorio y Mancebo fue condenado a morir en el teatro de su último crimen. Los principales cabecillas fueron fusilados uno en cada una de las haciendas de la Provincia como un medio de ejemplarizar a los adversarios. Repitióse una vez más la anomalía de la sociedad que, no interviniendo en el mejoramiento moral de los asociados, se abroga; sin embargo, el derecho de castigar las infracciones de esa misma moral: justicia que no discierne premios a la virtud, pero sí castigos al vicio; llegando hasta disponer de la vida que no tiene el poder de dar.

Muerto Moreno, su esposa vendió la hacienda y se consagró a la educación de sus hijos y a rendir culto a la memoria de los hombres que, aun después de muertos, se disputaban el dominio de su corazón. Cuidó, sí, de sacar de la capilla la imagen de la Virgen de Mercedes tras de la cual se refugió su esposo y que tan mal correspondiera a la confianza de su devoto. Dicha imagen es venerada hoy en el templo de N. S. de las Mercedes en Lima. En cuanto al de-

---

45 Ya desde la época de San Martín se promulgaba leyes que tendían a abolir la esclavitud en el Perú. Sin embargo, con la reticencia de Bolívar, y con la resistencia de los esclavistas, esta institución no se abolió hasta 1855, como se anuncia en el capítulo III, cuando el presidente Ramón Castilla pudo superar la resistencia de los poderosos.

pósito de don Justo, creyó una profanación tocarlo: ¡le llevaría desgracia a sus hijos!

XX

El comprador de la hacienda del Olivar fue don Diego Lagunas, el mismo que acompañó a Moreno en la primera visita que hizo al tesoro de don Justo[46]. Como se recordará, Moreno tomó la precaución de llevarlo con los ojos vendados y no omitió medio para desorientarlo acerca del camino que iban a seguir; pero don Diego que, cuando de vil metal se trataba, era sabueso de fino olfato y ducho en artimañas, cuidó de llenarse los bolsillos con granos de arroz que con disimulo fue regando y que le sirvieron de guía al día siguiente para marcar el lugar del apetitoso escondite; dejando al tiempo y a su propia habilidad, el cuidado de llegar a él sin tropezar con los hercúleos puños de su primo que por experiencia sabía que era de malas pulgas.

Cuando compró el Olivar, contaba con que encontraría el tesoro casi intacto y allí fue el echarse a edificar castillos en la luna; pero no contó con una pulmonía doble que en cuatro días lo llevó al trance fatal.

Recibida la cruel sentencia de que se dispusiera para emigrar del planeta, don Diego hizo llamar con premura al confesor y al escribano. Aquello del tesoro de la capilla, le escarabajeaba la conciencia, pues no ignoraba quienes fueran sus legítimos dueños: en la duda de lo que debía

---

46   El tema del tesoro escondido fue común durante el siglo XIX. Una de las primeras narraciones sobre este tema fue «La quena» de Juana Manuela Gorriti, cuento que se publicó en el diario *El Comercio* en 1851. Otra narración de Gorriti de esta índole es «El tesoro de los incas: leyenda histórica», publicada en *Sueños y realidades*, dos tomos (Buenos Aires, 1907), tomo II, págs. 87-143.

hacer, acaso alentado por la esperanza de que mediante algunas mandas piadosas podría disponer del resto en favor de sus hijos, llamó a su cabecera a un fraile dominicano de muchas campanillas que se encontraba de tránsito en el pueblo vecino.

Algo de esto barruntaba don Martín, hermano menor de don Diego, mozo parrandista y calvatrueno que se jactaba de que a él *nadie le pisaba el poncho*; y que, lleno de trampas y enredijos a causa de sus juveniles devaneos, por pescar cien duros habría sido capaz de arrancarle el turbante al Gran Señor. Ciertas palabras que en medio de sus congojas se le escaparan a don Diego, le dieron un cabo de la maraña y desde entonces se puso en acecho, uniéndose al enfermo como piel a los huesos.

Cuando de confesión se trató, ofrecióse[47] a acompañar al reverendo del pueblo a la hacienda; dándose trazas luego para ocultarse bajo del catre que era de los llamados de viento o de tijera; y cuando entre amargas congojas don Diego habló del tesoro oculto en el altar mayor de la capilla del Olivar, sin esperar a oír más, salió de estampida y enredándosele las espuelas en los flecos del colchón, produjose un incidente trágico burlesco; pues, botó el catre y cayó el enfermo sobre el fraile que fue rodando buen trecho por el suelo; y acudieron familia y criados y hubo gritos y zambra y alharaca y en medio de ese pandemónium hizo el enfermo lo que nuestro tradicionalista llama «la morisqueta del carnero;» es decir, dio la última boqueada[48].

---

47 Se ha añadido el signo diacrítico a «ofrecióse» para preservar la norma de mostrar el pretérito, aun cuando las normas gráficas de acentuación sugieren no incluirlo, porque era la norma del texto original. Este caso aquí parece haber sido un error de tipografía.

48 Se refiere a Ricardo Palma, autor de las célebres *Tradiciones peruanas*.

Vanamente buscó el atolondrado don Martín el codiciado tesoro; pues no pudo atinar con el secreto de la entrada, aunque demolió una buena parte del altar mayor.

Años más tarde, casóse la viuda de don Diego con un cierto italiano de dorada barba y maquiavélica astucia que, con paciente trabajo, llegó a descubrir el secreto del escondite y fue el afortunado poseedor de las rubias peluconas del señor de la Vega Hermosa, que le sirvieron para comprar títulos de nobleza en su país y para formar parte en el Perú del privilegiado grupo de los consignatarios de Huano;[49] cumpliéndose una vez más el dicho o sentencia: «Nadie sabe para quien trabaja[50].»

FIN

---

[49] El huano o «guano» es un fertilizante que origina con el excremento de ciertos pájaros del sur del Perú. Durante las administraciones de Balta y Pardo fue fuente de gran riqueza para la Hacienda nacional, mas asimismo hizo del país un blanco de Chile y la Gran Bretaña que codiciaban este recurso natural. Al fin surgió una guerra, la cual perdió el Perú, y con ello las provincias de Tacna y Arica, el segundo de los cuales para siempre.

[50] Las permutaciones de clase social son típicas del siglo XIX. Aquí simbólicamente la riqueza aristocrática pasa a la nueva burguesía al mismo tiempo que la burguesía se aristocratiza.

CPSIA information can be obtained
at www.ICGtesting.com
Printed in the USA
LVHW051608080920
665325LV00006B/446